तुफ़ान

शेक्सपियर

अनुवाद : डॉ. रांगेय राघव

राजपाल

अनुवाद
रांगेय राघव

ISBN : 9789350642115

संस्करण : 2017 © राजपाल एण्ड सन्ज़

TOOFAN (Play) by Shakespeare

(Hindi edition of *Tempest*)

राजपाल एण्ड सन्ज़

1590, मदरसा रोड, कश्मीरी गेट, दिल्ली-110006

फोन : 011-23869812, 23865483, 23867791

website : www.rajpalpublishing.com

e-mail : sales@rajpalpublishing.com

www.facebook.com/rajpalandsons

शेक्सपियर : संक्षिप्त परिचय

विश्व-साहित्य के गौरव, अंग्रेज़ी भाषा के अद्वितीय नाटककार शेक्सपियर का जन्म 26 अप्रैल, 1564 ई. में स्ट्रैटफोर्ड-आन-एवोन नामक स्थान में हुआ। उसकी बाल्यावस्था के विषय में बहुत कम ज्ञात है। उसका पिता एक किसान का पुत्र था, जिसने अपने पुत्र की शिक्षा का अच्छा प्रबन्ध भी नहीं किया। 1582 ई. में शेक्सपियर का विवाह अपने से आठ वर्ष बड़ी ऐन हैथवे से हुआ और सम्भवत: उसका पारिवारिक जीवन सन्तोषजनक नहीं था। महारानी एलिज़ाबेथ के शासनकाल में 1585 ई. में शेक्सपियर लन्दन जाकर नाटक कम्पनियों में काम करने लगा। हमारे जायसी, सूर और तुलसी का प्राय: समकालीन यह कवि यहीं आकर यशस्वी हुआ और उसने अनेक नाटक लिखे, जिनसे उसने धन और यश दोनों कमाए। 1612 ई. में उसने लिखना छोड़ दिया और अपने जन्म-स्थान को लौट गया और शेष जीवन उसने समृद्धि तथा सम्मान से बिताया। 1616 ई. में उसका स्वर्गवास हुआ। इस महान् नाटककार ने जीवन के इतने पहलुओं को इतनी गहराई से चित्रित किया है कि वह विश्व-साहित्य में अपना सानी सहज ही नहीं पाता। मारलो तथा बेन जानसन जैसे उसके समकालीन कवि उसका उपहास करते रहे, किन्तु वे तो लुप्तप्राय हो गए; और यह कविकुल दिवाकर आज भी देदीप्यमान है।

शेक्सपियर ने लगभग छत्तीस नाटक लिखे हैं, कविताएँ अलग। उसके कुछ प्रसिद्ध नाटक हैं—जूलियस सीज़र, ऑथेलो, मैकबैथ, हैमलेट, सम्राट लियर, रोमियो जूलियट (दु:खान्त), एक सपना (ए मिडसमर नाइट्स ड्रीम), वेनिस का सौदागर, बारहवीं रात, तिल का ताड़ (मच एडू अबाउट नथिंग), जैसा तुम चाहो (एज़ यू लाइक इट), तूफान (सुखान्त)। इनके अतिरिक्त ऐतिहासिक नाटक तथा प्रहसन भी हैं। प्राय: उसके सभी नाटक प्रसिद्ध हैं।

शेक्सपियर ने मानव-जीवन की शाश्वत भावनाओं को बड़े ही कुशल कलाकार की भाँति चित्रित किया है। उसके पात्र आज भी जीवित दिखाई देते हैं। जिस भाषा में शेक्सपियर के नाटक का अनुवाद नहीं है वह उन्नत भाषाओं में कभी नहीं गिनी जा सकती।

भूमिका

तूफ़ान (टैम्पैस्ट) एक सुखान्त नाटक है। यह शेक्सपियर की अन्तिम रचना है। इसके बाद उसने कोई नाटक नहीं लिखा। कहते हैं वह अपना यह नाटक-काव्य-साहित्य छोड़कर अपने गाँव में शान्ति से रहने चला गया था और अपने को अन्त में असफल कह गया था। इस नाटक में हमें प्रौस्पैरो के रूप में जीवन से ऊबे हुए व्यक्ति के दर्शन मिलते हैं।

प्रौस्पैरो एक ड्यूक था, जिसकी गद्दी को उसके नीच भाई ने हड़प लिया था, क्योंकि प्रौस्पैरो ने अपना सारा काम उस पर डालकर अपने को अध्ययन-कक्ष में सीमित कर लिया था। उसी ने प्रौस्पैरो को नेपिल्स के राजा की मदद से समुद्र में बहा दिया। प्रौस्पैरो बड़ा विद्वान् और जादूगर था। वह अपनी तीन साल की बच्ची को लेकर एक द्वीप पर जा लगा। वहाँ साइकोरैक्स नामक डायन का बेटा कैलीबन उसे मिला। साइकोरैक्स ने एरियल नामक एक वायव्य आत्मा को एक पेड़ में कील रखा था, और उसे वहीं छोड़कर मर गई थी। प्रौस्पैरो ने एरियल को अपनी जादूगरी से छुड़ाकर अपना दास बनाया और कैलीबन को, जिसे वह जड़ धरती कहता था, उसने भाषा सिखाई, सभ्य बनाना चाहा। पर पशु कैलीबन पशु ही रहा। उसने जादूगर की बेटी मिरैण्डा से बलात्कार करने की चेष्टा की। तब जादूगर ने उसे चट्टान में बन्दी कर दिया।

एक दिन एक जहाज़ में नेपिल्स का राजा, जादूगर का भाई और नेपिल्स का राजकुमार तथा अन्य लोग समुद्र में आ रहे हैं। तब जादूगर एरियल को आज्ञा देता है, जो तूफ़ान उठाता है और सबको सुरक्षित तीर पर ला पहुँचाता है। उसी दिन की कहानी है कि पापी पाप स्वीकार करते हैं, जादूगर की बेटी नेपिल्स के राजकुमार की पत्नी बनती है, जादूगर अपना जादू का डण्डा तोड़कर कहता है कि उसके लिए एक ही सुख का रास्ता है—प्रार्थना, ज्ञान नहीं—प्रार्थना; वह जड़ कैलीबन तथा पापियों की नीचता

नहीं छुड़ा सका। वह निराश है।

रूपक का मानदण्ड काफ़ी मुखर है। शेक्सपियर यहाँ यह कहते हुए दिखता है कि केवल उदात्त विचार इस धरती के पाप नहीं मिटा सकते। नाटक वैसे बड़ा विचित्र है, जो अनुभूति को विस्मयजनक आनन्द प्रदान करता है। हम इसे पढ़ते समय एक विचित्र भूमि में जा पहुँचते हैं।

यद्यपि *तूफ़ान* (*टैम्पैस्ट*) शेक्सपियर की प्रसिद्ध रचना मानी जाती है, फिर भी उसे विद्वान् लोग नाटकीयता के दृष्टिकोण से सफल नहीं मानते। इस कथन में सत्य भी है, क्योंकि इसमें काव्य-रूपकत्व अधिक है। कथा में गति नहीं ही-सी है और एरियल का चित्रण इतना चमत्कारपूर्ण है कि उसमें किसी प्रकार का द्वन्द्व पैदा नहीं होता। यही कारण है कि यह नाटक शेक्सपियर ने स्वयं रंगमंच पर असफल होते देखा। क्या बीता होगा उसके हृदय पर ? उसने अनुभव किया कि उसकी शक्ति का क्षय हो चुका था। वह जिस शिखर पर पहुँच चुका था, वहाँ से यह उतार ही था।

मैंने जब इसका अनुवाद प्रारम्भ किया तो यह विचार सबसे पहले मेरे सामने आया कि पाठकों के सामने इसे किस रूप से प्रस्तुत किया जाए। पहला दृश्य मैंने गद्य में ही अनुवाद किया। किन्तु मुझे लगा कि यह शेक्सपियर को प्रस्तुत नहीं करता था। अत: मैंने गद्य को पद्य रूप दिया। क्योंकि यह रचना काव्य-रूपकत्व में ही अपनी श्रेष्ठता को धारण करती है, मैंने पूरा नाटक पद्य में ही अनूदित किया है। और इस तरह मैंने जो सहज को अपने लिए कठिन करके ग्रहण किया है, उससे अनुवाद में सचमुच ही परिवर्तन आया है। मैं आशा करता हूँ कि यदि यह अनुवाद पसन्द किया गया, तो मेरी मेहनत भी सफल ही कही जा सकेगी। शेक्सपियर के युग में दर्शकों से इतनी अधिक कल्पना की मांग की जाती थी कि उसकी सीमा नहीं। बीसवीं सदी में *टैम्पैस्ट* (*तूफ़ान*) कैसे खेला जा सकता है, यह मैं नहीं समझता। उसके काव्यत्व को उभारने में ही मुझे अधिक कल्याण दिखाई दिया। वैसे मेरा पद्य ऐसा है कि उसका नाट्य-कथोपकथन गद्य की भाँति प्रयुक्त किया जा सकता है।

—रांगेय राघव

पात्र-परिचय

एलोन्ज़ो	:	नेपिल्स का राजा
सैबैस्टियन	:	उसका भाई
प्रौस्पैरो	:	मिलैन का असली ड्यूक
एण्टोनियो	:	उसका भाई, जिसने मिलैन के ड्यूक की गद्दी हड़प ली है
फर्डिनैण्ड	:	नेपिल्स के राजा का पुत्र
गोन्ज़ालो	:	एक पुराना ईमानदार मन्त्री

एड्रियन
फ्रैन्सिस्को } लॉर्ड लोग

कैलीबन	:	एक बर्बर-विकृत-विरूप गुलाम
ट्रिंक्यूलो	:	एक विदूषक
स्टीफैनो	:	एक शराबी रसोइया

जहाज़ का मालिक
टिंडाल
मल्लाह

मिरैण्डा	:	प्रौस्पैरो की पुत्री
एरियल	:	एक वायव्य आत्मा

आइरिस
सिरीज़
जूनो
अप्सराएँ
किसान

प्रौस्पैरो की सेवा में प्रस्तुत अन्य आत्माएँ

पहला अंक

दृश्य 1

(समुद्र में जहाज़। बिजली की कड़क और बादलों के गर्जन का भीषण स्वर कभी-कभी प्रभंजन की हुँकार पर सुनाई देता है।)
(जहाज़ के मालिक और टिंडाल का प्रवेश)

जहाज़ का मालिक	:	टिंडाल! टिंडाल!!
टिंडाल	:	आज्ञा स्वामी! मैं प्रस्तुत हूँ।
जहाज़ का मालिक	:	मल्लाहों से कह दो! खींचो खींचो! जल्दी! और नहीं तो अभी डूब टकराएँगे हम! करो शीघ्रता! हाथ चलाओ!

(प्रस्थान। मल्लाहों का प्रवेश)

टिंडाल	:	ओ दोस्तो! हिम्मत रखो! वह ऊपर मस्तूल सँभालो! स्वामी की सीटी को सुनकर काम करो मिल, बहने दो तूफ़ान! किन्तु भयभीत न होना।

(एलोन्ज़ो, सैबैस्टियन, एण्टोनियो, फर्डिनैण्ड, गोन्ज़ालो तथा अन्यों का प्रवेश)

एलोन्ज़ो	:	ओ टिंडाल ध्यान रख! मालिक कहाँ पोत का? काम कराओ, काम कराओ!
टिंडाल	:	मैं विनती करता हूँ नीचे चले जाएँ सब!

8 : तूफ़ान

एण्टोनियो : कहाँ गया मालिक जहाज़ का?
टिंडाल : क्या सुनते हैं नहीं आप उनकी आज्ञा को? क्यों अपनी मेहनत को यों बरबाद कर रहे? चलें केबिनों में सब लौटें।
क्या तूफ़ान भयानक की करने सहायता यहाँ खड़े हैं?
गोन्ज़ालो : नहीं-नहीं, धीरज मत खोओ! शान्त रहो तुम।
टिंडाल : होऊँगा जब सागर होगा। क्या चिन्ता करती हैं भीषण सिन्धु लहरियाँ सम्राटों की! चलें, केबिनों में चुप होकर, परेशान हमको न करें यों।
गोन्ज़ालो : यह तो सच है, पर मत भूलो, कौन चल रहा है, जहाज़ पर यहाँ तुम्हारे?
टिंडाल : वह है जिसे प्यार करता हूँ मैं अपने तन से भी ज्यादा।
आएँ मन्त्री हैं, तो आएँ,
यदि इन पंचभूत पर अपना शासन कर
सकते हैं करिए,
शान्त-शान्त करिए सागर को, वर्तमान की उथल-पुथल
को दूर कीजिए,
हम रस्सा भी एक नहीं खींचेंगे तब तो, देख आपकी
शक्ति अपरिमित,
किन्तु नहीं सामर्थ्य अगर ऐसी तो सुनिए,
यहाँ जी लिए इतने दिन तक इसीलिए उस
परमात्मा को धन्यवाद दें!
हो जाएँ तैयार झेलने संकट सारा जा केबिन में!
हिम्मत रखो मल्लाहो हाँ!
हाँ, जाएँ तुरन्त, पथ यहाँ छोड़ दें।
(प्रस्थान)
गोन्ज़ालो : मुझे बहुत सांत्वना मिली है इस मानव से।
नहीं डूबने का निशान है इस पर कोई।
यह तो फाँसी के लायक़ है!

भाग्य! भाग्य! सुन

इसकी फाँसी की रस्सी ही बने हमारी

किस्मत का रस्सा जो हमको

पार लगा दे, क्योंकि नहीं है वैसे अपनी

किस्मत में कुछ।

अगर नहीं जन्मा है यह फाँसी लगने को

समझो गोल हमारा डिब्बा!

(सबका प्रस्थान। टिंडाल का प्रवेश)

टिंडाल : वह विशाल मस्तूल खोल दो! सावधान हो!

अरे झुका दो उधर झुका दो! उसे मध्य-पथ

में ले आओ!

(भीतर चीत्कार की ध्वनि)

अरे नाश हो इन चीत्कारों का जो घहरा

प्रकृति कोप औ' कठिन हमारे श्रम के ऊपर गूँज रहे हैं।

(सैबैस्टियन, एण्टोनियो और गोन्ज़ालो का प्रवेश)

फिर आ गए! अरे क्या करने यहाँ आ गए?

काम छोड़ दें क्या अपना हम? और डूब जाएँ

अथाह में?

अरे चाहते हैं क्या इन लहरों में खोएँ।

सैबैस्टियन : वज्र महामारी का तेरे क्रूर कण्ठ पर घोर पात हो,

अरे कृतघ्न कुत्ते! भों भों कर रहा अरे पाखण्डी

कुत्सित!

टिंडाल : तो फिर कर लें काम आप ही। हमें न मतलब।

एण्टोनियो : ओ विकृत जारज! कुत्ते जघन्य! बकबक करता है,

ओ लबार, हम नहीं मृत्यु से डरते जैसे

तू इन लहरों से डरता है।

गोन्ज़ालो : यद्यपि पोत हो गया जर्जर, दीन एक छिल्के

सा हल्का,

और हो गया रजस्वला-सा भीतर भींगा,
किन्तु स्मरण रखना परिणाम पोत

यदि डूब गया तो!

टिंडाल : खींचो खींचो! दोनों, दोनों तरफ़ लगाओ
शक्ति और खींचो, समुद्र में और छोड़ दो,
छोड़ो, छोड़ो...
(भीगे हुए मल्लाहों का प्रवेश)

मल्लाह : गया सब गया, नष्ट हो गया। करो प्रार्थना,
उसका लो अब नाम और संबल न शेष है।

टिंडाल : हैं? क्या होगी नष्ट सकल आशाएँ? क्या अब
मृत्यु शीत कर देगी अपने दीन दुखों को?

गोन्ज़ालो : लो सम्राट और करते कुमार हैं प्रार्थना।
उनकी सेवा करें चलो, अब भाग्य हमारा
उनका-सा हो गया दुखद है।

सैबैस्टियन : मेरा तो है धैर्य खो चुका।

एण्टोनियो : आह! हो रहे नष्ट हमारे जीवन यों ही
इन शराबियों के हाथों पड़। नीच! अधम यह!
महासिन्धु की भीषण लहरें दस ज्वारों के उत्तालों तक
इसे भिंगोती रहे गलातीं!

गोन्ज़ालो : बूँद-बूँद इस महासिन्धु की रहे गरजती,
फाड़े मुख विकराल निगलना चाहे इसको
फिर भी फाँसी उचित रहेगी इसके हित तो
(नेपथ्य में कोलाहल)
'हम पर करुणा करो, दया कर।'
'खण्ड हो गया पोत!' 'आह टूटा जहाज़ अब।'
'विदा प्रिये!' 'हे विदा पुत्र!' 'लो बन्धु विदा हे।'
'सर्वनाश हो गया!' 'हो गया खण्ड-खण्ड सब!'

एण्टोनियो : अरे डूबने दो हमको सम्राट साथ ही!

सैबैस्टियन : चलो करें अब अन्तिम दर्शन!

(एण्टोनियो और सैबैस्टियन का प्रस्थान)

गोन्ज़ालो : ले लो अगम अथाह सिन्धु को यह व्यापकता
यह दिगंत विस्तार, मुझे दो थोड़ी धरती,
बंजर, कंटकपूर्ण अरे कैसी भी पृथ्वी!
अरे व्योमवासी! क्या तेरी यह इच्छा थी!
हाय भूमि पर यदि मैं अपनी देह त्यागता!

(सबका प्रस्थान)

दृश्य 2

(द्वीप प्रौस्पैरो की गुफा के सामने)
(प्रौस्पैरो और मिरैण्डा का प्रवेश)

मिरैण्डा : मेरे पूज्य पिता! यदि सचमुच तुमने अपनी
महाशक्ति से, इन उत्ताल तरंगों में यह भीषण गर्जन
है भर दिया उन्हें आलोड़ित विलुड़ित करके,
शान्त करो तुम उन्हें! क्योंकि अब
लगता है अम्बर से बरसेगा काजल ही
घनीभूत से अन्धकार–सा!
असह गन्ध से तिमिर सघन आच्छन्न करेगा।
महाव्योम के गण्डस्थल तक चढ़ता ऊपर
सिन्धु आग–सी टकरा–टकरा उगल रहा है,
आह! दु:ख होता है मुझको देख किसी को
ग्रस्त दु:ख में।
वह दुर्दम था पोत! और उसमें यात्री थे भव्य वीर से,
खण्ड–खण्ड हो गया छिन्न हो! आह! करुण वह
उनका अन्तिम क्रन्दन मेरे मन पर सहसा ही टकराया,
वे बेचारे! नष्ट हो गए। होती मुझमें

कहीं शक्ति दैवी तो मैंने
डुबा दिया होता यह सागर भूमि गर्भ में,
निगल न पाता यह तुरन्त उस दीन पोत को
उसके भीतर आशा से घुटते जीवों को!

प्रौस्पैरो : शान्त! धैर्य धर पुत्री! और न विस्मय कर तू,
अपने करुण हृदय को दे तू स्वयं सांत्वना
कह दे उससे, नहीं किसी की हानि हुई है।

मिरैण्डा : ओ रे दुर्दिन!

प्रौस्पैरो : नहीं हानि सच! जो कुछ मैंने किया असल में
है तेरे हित में ही पुत्री!

मेरी बेटी! तेरे हित ही किया सभी कुछ,
तू जो नहीं जानती तू है कौन? जानती नहीं तनिक भी
मैं हूँ कौन, कहाँ का, तू तो
केवल इतना ही जीवन में जान रही है,
मैं हूँ प्रौस्पैरो, केवल हूँ
एक गुहा का स्वामी या हूँ पिता अरी
तेरा ओ सरले!

मिरैण्डा : और अधिक कुछ भी है जिसको मुझे जानना
आवश्यक है, नहीं कभी आया विचार में
सच मेरे तो!

प्रौस्पैरो : बेला आई है कि बता दूँ सब कुछ तुझको!
हाथ बढ़ाकर यह मेरा जादू का चोग़ा तनिक थाम ले!
(चोग़ा उतारता है।)
सो हे! मेरी शक्ति! कला! तू सुप्त यहाँ रह!
मेरी दुहिते! आँसू अपने पोंछ, शान्त हो,
यह विध्वंस विनाश, क्रूर इसका आडम्बर,
अरी छू गया तेरे मन की
करुणा के भीतरी स्तरों को।
मैंने अपनी कला शक्ति से यह आयोजन,

यह प्रबन्ध है किया कि वे सब यात्री तट पर
सकुशल अब तक पहुँच चुके हैं। नहीं एक भी
प्राणी, प्राणी नहीं, रोम तक प्रति प्राणी का
जो जहाज़ में यात्रा करता था समुद्र पर,
जिनके चीत्कारों को तूने सुना करुण मन,
जिनको तूने देखा लहरों में बिलमाते,
पूर्ण सुरक्षित है, तू मन की चिन्ता तज दे!
अरे बैठ जा! अभी तुझे जानना बहुत कुछ

शेष आज है!

मिरैण्डा : पिता! अनेकों बार किया प्रारम्भ आपने
मुझे बताना कि मैं कौन, क्या हूँ, कैसे हूँ,
पर मेरी जिज्ञासाएँ सब विफल बनाकर
सदा रुक गए कहकर : ''रुक जा और ठहर जा!
अभी नहीं। आने दे उसका समय, कहूँगा।''

प्रौस्पैरो : अब आया है वही समय, अब बेला आई,
अरी खोल ले कान, ध्यान श्रद्धा से सुन तू!
इस कन्दर में आने के पहले की तुझको

क्या कुछ स्मृति है?

मुझे यही लगता है कुछ भी याद न होगी
क्योंकि उस समय तीन वर्ष की ही तो थी तू?

मिरैण्डा : नहीं! पिता! है मुझे याद कुछ!

प्रौस्पैरो : कैसे? तुझको याद! कहा है किसी और ने?
कह तो तेरी स्मृति में क्या छाया आती है?

मिरैण्डा : बहुत दूर, हाँ, बहुत दूर की छाया-सी है,
नहीं सत्य, वह स्वप्न एक लगता है मुझको
जो मेरी स्मृति में बाकी है।
क्या न पास थीं, चार पाँच वे स्त्रियाँ पास मेरे

जो मेरा पालन करतीं?

प्रौस्पैरो : थीं, निश्चय, थीं और मिरैण्डा और अधिक थीं!
किन्तु किस तरह अब तक यह स्मृति बाकी तुझमें?

बता, काल के गहन भँवर में विगत तिमिर में
तुझे और भी कुछ दिखता है?
यदि है तुझको स्मरण यहाँ आने के पहले की बातों का,
तब तो स्यात् स्मरण यह भी हो,
कैसे तू आ गई यहाँ पर?

मिरैण्डा : नहीं पिता! वह याद नहीं है।

प्रोस्पैरो : बीते बारह वर्ष मिरैण्डा! पूरे बारह,
मिलैन प्रान्त के तेरे पिता ड्यूक थे, उनकी
        शक्ति बड़ी थी,
वे राजन्य बड़े गौरव से शासन करते...

मिरैण्डा : अरे आप क्या नहीं पिता हैं मेरे? कहिए!

प्रोस्पैरो : तेरी माता थी प्रत्यक्ष मूर्ति पुण्यों की,
वह कहती थी : तू मेरी पुत्री थी, औ' थे
ड्यूक मिलैन के तेरे पिता, अकेली उनकी
उत्तराधिकारिणी एक तू ही पुत्री थी!

मिरैण्डा : हे भगवान! कुटिल यह कैसा छल है दुष्कर!
फिर कैसे क्या हुआ कि हम निष्क्रान्त हो गए?
क्या अपनी इच्छा से आए हाय यहाँ हम?

प्रोस्पैरो : हाँ बेटी! दोनों ही बातें सत्य हो गईं।
कुटिल चाल ने हमें हटाया अपने घर से,
किन्तु भाग्य ने लाकर हमें यहाँ पहुँचाया।

मिरैण्डा : आह हृदय मेरा रोता है, अश्रु रुधिर के
गलते हैं यह सोच कि मैंने पिता! तुम्हारे
मन को कितनी पीड़ा दी है, स्मरण दिलाकर!
कहो, सुनाओ मुझको अब तो!

प्रोस्पैरो : मेरा भ्राता और तुम्हारा चाचा वह जो
एण्टोनियो, याद रख, सुन तू ज़रा ध्यान से,
भाई तो था किन्तु बड़ा कपटी जघन्य था
वह विश्वासघात में पटु था,

तेरे बाद जिसे सारी जगती में मैंने प्यार किया था,
उस पर ही मैंने शासन का डाल दिया सारा प्रबन्ध था,
मेरा प्रान्त सकल प्रान्तों में श्रेष्ठ मान्य था,
और प्रौस्पैरो मुख्य ड्यूक, जो था प्रसिद्ध
अपनी महिमा में,
जिसके कला ज्ञान की तुलना में कोई आता न सामने,
था केवल अध्ययन मनन में लीन, राज्य का
सकल भार अपने भाई पर डाल पूर्णत:
रहता था निश्चिन्त ज्ञान के शोध कार्य में।
उसका जीवन सकल प्रजा से दूर हो गया
वह तो डूबा था अपने अध्ययन कक्ष में,
गुप्त रहस्यों, भेदों और प्रकृति के ऐसे
गुह्य चमत्कारों में बिल्कुल उलझ गया था।
तेरा चाचा कुटिल—सुन रही है बेटी तू?

मिरैण्डा : ध्यान लगाकर बैठी तो हूँ!

प्रौस्पैरो : पट्टे करने लगा और हो गया कुशल वह,
सकल प्रबन्ध हाथ में लेकर
कभी किसी को रखता और निकाल किसी को
यों उसने सब बदल दिया, मेरे विश्वासी
सेवक सारे रद्द कर दिए, नए लगाए,
वह अफ़सर था, वही स्वयं अब दफ्तर भी था,
जैसी मर्ज़ी होती वैसा इन्तज़ाम वह
आप रियासत का करता था,
मानो वह था बेल, उसी औ' घनी हो गई
जिसने मेरे राजस अधिकारों के सुन्दर
सुघर स्कन्ध को हरितिमा में अपनी ढँककर,
यों छा दिया कि वह फिर लगी खींचने
मेरे रस को मुझे बाँधकर!
सुनती तो है?

मिरैण्डा : बड़े ध्यान से!

प्रौस्पैरो : सुन! चित्त देकर,
यों मैंने सांसारिक कर्त्तव्यों को छोड़ा,
किया समर्पित पूर्णतया अपने को केवल
ज्ञान मनन की नीरवता में शोध कार्य को,
दूर हो गया मैं सबसे ही,
मेरे भाई में मैंने ही इस प्रकार जाग्रत कर दी तब
गहन कुटिलता,
यह मेरा विश्वास पिता की भाँति निरन्तर उसे पालता,
उसने धन खींचा तब अपने दोनों हाथों
उसकी मिथ्या न मर्यादाएँ सब लाँघीं
उसका छल मेरी श्रद्धा से कहीं बड़ा था,
यों वह स्वामी बना न केवल मेरे सारे
भूमि करों का, वरन् शक्ति जो
मेरी जितना ले सकती थी प्रजाजनों से,
वह उलीचने लगा, सत्य से दूर हो गया,
स्मृति में उसका पाप स्वयं जीवन्त हो गया,
स्वयं छल उठा अपने को वह, लगा सोचने
वही ड्यूक था, नहीं रहा वह प्रतिनिधि तब तो,
सब विशेष अधिकार हाथ में लेकर अपने
शासक का आडम्बर उसने धारण करके—
शक्ति ग्रहण की,
लगी महत्त्वाकांक्षा अपनी देह बढ़ाने,
सुनती है तू?

मिरैण्डा : आह तुम्हारी कथा बधिर को भी सुनवा दे,
कितनी उत्कट करुणा की लालसा भरी है!

प्रौस्पैरो : तब अपने को असली स्वामी कहलाने को,
दूर हटाने द्वन्द्व परिस्थितियों का अपनी,
मिलैन प्रान्त का सर्वेसर्वा बनना उसकी भूख हो गई।

मैं, बेचारा, मेरा क्या था,
लगा समझने वह अयोग्य मुझको वसुन्धरा
के वैभव के, क्योंकि पुस्तकालय ही मेरा

सकल राज्य था,
रे नेपिल्स नृपति से उसने साँठ-गाँठ की,
दे ख़िराज उसको उसने अभिनन्दन करके

स्वयं मनाया,
अपने को ही ड्यूक बनाने की चेष्टा की,
चाहा ड्यूक दास बन जाए उसका झुककर,
हाय मिलैन! कैसा कठोर दुर्भाग्य छा गया!
कितनी थी अपमान भरी वह विकल पराजय...

मिरैण्डा : हे परमात्मा!

प्रौस्पैरो : अरी देख तू उसे और घटना भी, फिर कह
क्या ऐसा भी भाई कोई हो सकता है?

मिरैण्डा : अपनी दादी के बारे में
नीच कल्पना करते में डरती हूँ सच में!
अच्छी कोखों से कपूत भी जन्मा करते।

प्रौस्पैरो : और परिस्थिति यह थी, यह नेपिल्स-नृपति था
मेरा परम शत्रु, झट उसने
सुना तुरत अभियोग लगाया जो कि अनुज ने

मुझ पर दुहिते!
जो ख़िराज मैं नहीं दे सका या जो था

मुझको पहुँचाना,
वह धन औ' फिर भेंट, न जाने कितने

चक्कर खड़े हो गए,
मेरा भाई तत्पर था उस नृप को देने
यदि उसका ही ड्यूक बना दे राजा सारे दे सम्मान,

मिलैन उसे दे,
और तुरत कर दिया जाय मेरा निर्वासन

मुझे निकाला जाए मेरी राज्य-भूमि से!
यों विश्वासघात से सेना एक खड़ी की
और हुई हतभागिनि आधी रात जभी वह

सर्वनाश की,

एण्टोनियो स्वयं बढ़ आया और मिलैन के द्वार
मुक्त कर दिए क्रूर ने! अन्धकार के गहन क्रोड में
घेर लिया उसने आकर के मुझको दुहिते!

तू रोती थी उस क्षण कैसी...

मिरैण्डा   : हाय! दये! करुणे! अब मुझको नहीं याद है
कैसे रोई थी मैं उस दिन,
पर अब रोने का मन होता! भींगी-भींगी
हाय पनीली होती आतीं मेरी आँखें...

प्रौस्पैरो   : अभी और सुन! अभी-अभी लाता हूँ अब मैं
बात इस समय के प्रश्नों पर,
जिसके बिना अकारण ही है और व्यर्थ यह गाथा।

मिरैण्डा   : हाय! किसलिए नहीं मार डाला तब हमको

उन लोगों ने?

प्रौस्पैरो   : दुहिते! बहुत उचित पूछा यह!
मेरी कथा प्रेरणा देती यही पूछने।
इतना साहस था ही किसमें,
मेरी प्रजा मुझे इतना करती थी स्नेह हृदय से बेटी!
एक रक्त की बूँद कौन छलका सकता था मेरे तन से?
उन षड्यन्त्रकारियों ने तब बाह्य रूप सब स्निग्ध
बनाया।
चढ़ा नाव पर हमें ले गए महासिन्धु में
वहाँ एक जर्जर जहाज़, जिसमें रस्से क्या!
थे मस्तूल न, नहीं, नहीं था कुछ भी, जिसको
छोड़ गए थे चूहे भी, उसमें ही हमको तुरत चढ़ाया
और सिन्धु की गर्जन करती भीमाकार तरंगों पर ही

हाहाकार मचाने, हमको छोड़ गए वे,
आती थी दुर्दान्त वायु, झोंके आते थे,
और रह गए हम उच्छ्वास दीन मन भरते
अरे हमारी करुणा, उच्छ्वासों की पीड़ा
अपने हित अभिशाप बन गई।

मिरैण्डा : कितना कष्ट बनी होऊँगी उस क्षण सच में
हाय पिता! मेरे कारण दुःख पाया होगा!

प्रौस्पैरो : आह! मनोहर मधुर बालिके! तूने ही तो
मेरे जीवन की तब रक्षा की थी, जब तू
मुस्काती थी दिव्य शक्ति-सी भर देती थी,
जब खारी समुद्र की भीषण अतल व्याप्ति वह
थी कराहती कठिन भार से मेरे, मुझ पर
घोर आक्रमण करती, तब मुझमें ये
शक्ति कि आए जो भी आए, मैं झेलूँगा,
मेरी बच्ची! तूने ही उस क्षण भर दी थी!

मिरैण्डा : फिर कैसे पहुँचे हम आख़िर यहाँ तीर पर?

प्रौस्पैरो : लाया भाग्य! संग था भोजन और पेय जल
एक उदात्त हृदय गोन्ज़ालो नामक सज्जन
ने मुझको यह दान दिया था।
वह नेपिल्स निवासी ही था;
किया नियुक्त गया था वह अपने स्वामी की
आज्ञा से उसे, उसने मुझको आवश्यकता की
सकल वस्तु दीं, वस्त्र और सामग्री काफ़ी,
उनसे अपना काम चला है कितना बेटी!
उसकी दया अपार प्रमाणित हुई कि मेरी
प्यारी औ' अनमोल किताबें
जिनका ड्यूक राज्य से भी मैं अधिक लगाता
मोल, उन्हें अनमोल समझकर,
मुझको दीं; यों मेरा सारा

मिला पुस्तकालय वह मेरा।

मिरैण्डा : आह कभी क्या देख सकूँगी ऐसा मानव!

प्रौस्पैरो : उठता हूँ, मैं। (चौग़ा पहनता है।)

अरी बैठ अब! सुन यह अन्तिम कथा हमारे

सिन्धु-दैन्य की।

यहाँ द्वीप में हम आ पहुँचे और यहाँ पर

किसी राजकन्या-से तुझको योग्य बनाया

मैंने बनकर गुरु, यह सुन तू,

वे कुमारियाँ समय नष्ट करती हैं अपना

औ' गुरु भी देते न ध्यान हैं उन पर इतना।

मिरैण्डा : परमात्मा की कृपा रहे इस पुण्य कार्य के लिए

आप पर,

अब भी मेरे मन में यह सन्देह बना है,

मुझे बताएँ, भला उठाया है वह क्यों कर

आज प्रभंजन किन्तु सिन्धु में?

प्रौस्पैरो : तो सुन दुहिते!

अकस्मात् ही, भाग्य खुल गया,

और घेर लाया है मेरे घोर शत्रुओं

को इस तट पर,

अपने वैज्ञानिक चिन्तन से जान गया मैं

किस ग्रह से मेरा भाग्योदय मिला हुआ है!

यदि मैं उस पर ध्यान न दूँ तो

समझो सारा है भविष्य ही अन्धकारमय!

अब तू प्रश्न नहीं कर मुझसे!

अलसाई है! तुझे आ रही बड़ी नींद है।

सो जा बेटी मुझे ज्ञात है,

यह तेरे वश में न चाह ले अरी अन्यथा!

(मिरैण्डा सो जाती है।)

आ! परिचारक! आ जा! आ रे!

मैं तत्पर हूँ! अरे एरियल! अब तू आ जा।

(एरियल का प्रवेश।)

एरियल : जय हो शक्तिमान स्वामी जय! जय हो हे प्रभु!
मैं आया हूँ करने सेवा। आज्ञा देवें,
उड़ूँ या कि तैरूँ, सागर की गहरी लहरों में मैं डुबकी
त्वरित लगाऊँ, या कि अग्नि में,
घुँघराले मेघों पर चढ़कर जाऊँ आतुर,
अरे आपकी गुरुतर आज्ञा का सेवक हूँ,
नहीं एरियल का कोई गुण ऐसा स्वामी!
जो न समर्पित हुआ आपके चरणों पर है।

प्रौस्पैरो : ओ आत्मा! क्या तूने मेरी आज्ञा पूरी
है निबाह दी दुरित प्रभंजन के बारे में?

एरियल : प्रभु! प्रत्येक शब्द का मैंने पालन करके

कार्य किया है।

चढ़ा पोत पर मैं राजा के, अब ऊपर को,
फिर मस्तूल कि नीचे, बाएँ,
यों सर्वत्र लपट-सी फहरा दी मैंने

आश्चर्य चपल की,

कभी खण्ड मैं हो जाता था
जगह-जगह पर जल उठता था,
फिर लपटों की धधक उठाकर मैं समूह बन

घहराता था।

बिजली चमका वज्रनाद करता था ऐसा
क्षणिक ज्योति कर अन्धकार की तुमुल रोर फिर

भर देता था,

जलते गन्धक-सी गर्जन कर घोर नादकर
अग्नि धधकती थी करका की
मानो भीम शक्ति से था नेप्च्यून घेरता,
रे उत्तुंग उर्मियाँ अपनी ऊमचूम कर

दिक् कम्पित कर,

अपना वह विकराल त्रिशूल हिलाकर भीषण !

प्रौस्पैरो : साधु वीर-आत्मा ! बतला तो
इस हलचल में कौन रहा दृढ़ ? स्थिर ? जिसके
विवेक को सारी महानाग की-सी लपेट यह

डिगा न पाई !

एरियल : स्थाणु अशिव हो गया, विकल प्रत्येक हो गया,
और हताशा लगी वहाँ फूत्कार उठाने,
पागलपन का ज्वार-सा आया खौल तड़प कर,
फेनोच्छ्वसित सिन्धु में डूबे नाविक सारे
पोत छोड़ कर जब धू-धूकर अग्नि जल उठी !
फर्डिनैण्ड, नृप या सुत, होकर ऊर्ध्वकेश तब,
नहीं केश लगते थे, वे थे नरकुल मानो,
सर्वप्रथम मानव था जो कूदा अथाह में
महासिन्धु की भीम तरंगों में पुकारता :
''नरक हो गया खाली, सब शैतान यहीं हैं।''

प्रौस्पैरो : मेरा जो ठहरा सेवक तू ! किन्तु नहीं क्या
निकट तीर के हुई बात यह ?

एरियल : बिल्कुल तट के निकट, महाप्रभु !

प्रौस्पैरो : क्या हैं वे सकुशल ही क्यों एरियल बता तो !

एरियल : हुआ बाल बाँका न तनिक भी,
उनके वस्त्रों तक पर नहीं निशान पड़ा है,
पहले से भी स्वच्छ दीखते,
जैसी आज्ञा थी स्वामी की, वही हुआ है।
स्वयं द्वीप पर मैंने उन्हें दिया है भटका अब।

जत्थों में,

राजकुमार स्वयं मैंने तट पर पहुँचाया,
और द्वीप के निभृत भाग में छोड़ा मैंने
उसको लम्बी साँस छोड़ते शीत वायु पर

बाँधे हाथ व्यथित बैठा है वह चिन्ता में।

प्रौस्पैरो : और किया नृप के जहाज़ का क्या वह तो कह?
नाविक सारे कहाँ गए वे? बाकी सब भी!

एरियल : पहुँच गए हैं सभी तीर पर
पत्तन में नृप-पोत खड़ा है,
गहरे कोने में संरक्षित
वहीं बुलाया मुझे आपने अर्द्धनिशा में एक बार था,
जाकर लाने हिम कणिकाएँ स्वामी! जहाँ पर
सदा क्लेशमय रहती थीं वे क्रूर डायनें,
प्रभंजनों की विभीषिका जिनको देती थी
जन्म भयानक।
वहीं पोत है, छिपा खड़ा है,
नाविक सारे अधोभाग में बन्द पड़े हैं,
थकित श्रान्त हैं, तिस पर मैंने इन्द्रजाल कर
उन्हें वहाँ है सुला दिया औ'
बाकी बेड़ा, जो मैंने बिखराया, सब मिल रहे परस्पर,
धरा-मध्य-जलप्लावन पर हैं
अब नेपिल्स जा रहे हैं अति व्यथित हृदय हो।
लगता है वे देख चुके हैं अपने नृप के
बोहित का विनाश औ' नृप के
महिमामय जीवन का भी विध्वंस सिन्धु पर!

प्रौस्पैरो : अहे, एरियल! आज्ञापालन पूर्ण हुआ है।
किन्तु अभी तो कार्य शेष है।
क्या होगा अब समय! एरियल!

एरियल : हुई दोपहर!

प्रौस्पैरो : प्रहर शेष दो। अब से सायं छ: बजने तक
हमें समय यह बहुत समझना मूल्यवान है,
बड़ी बुद्धिमानी से हमको इसे बिताना।

एरियल : अभी और भी श्रम बाकी है?

कितना क्लेश मुझे देते हैं! इसीलिए मैं
याद दिला दूँ, वचन आपने मुझे दिया जो,
अभी नहीं वह पूर्ण किया है।

प्रौस्पैरो : अरे चिड़चिड़ा क्यों होता है? बोल चाहता
क्या है तू अब?

एरियल : अपनी मुक्ति चाहता हूँ मैं!

प्रौस्पैरो : अरे समय के पहले ही? मत कह यह मुझसे।

एरियल : सुनिए प्रभु! मैंने सेवाएँ कहें आपकी
आह न क्या-क्या की हैं तबसे!
कभी न बोला झूठ, भूल भी कभी नहीं की
बिना शब्द सेवा की है, न विरोध किया है,
एक वर्ष का बन्धन ही तो कहा आपने!

प्रौस्पैरो : भूल गया तू किस दुर्दम्य यातना में से
मुक्त किया था मैंने तुझको?

एरियल : नहीं, नहीं प्रभु!

प्रौस्पैरो : क्षार सिन्धु स्रावों पर चलकर क्या तू यह लगा
समझने बहुत कर लिया?
उत्तर के तीखे समीर पर उड़कर तूने
क्या तुषारमण्डित धरती की धमनी-धमनी
में घुस समझा बहुत हो चुका?

एरियल : नहीं, नहीं प्रभु!

प्रौस्पैरो : अरे दुराशय, झूठ कह रहा। भूल गया तू
साइकोरैक्स चुड़ैल भयानक थी वह कैसी?
ईर्ष्या और जरा ने जिसको झुका दिया था।
भूल गया तू उस चुड़ैल को!

एरियल : नहीं, नहीं, स्वामी, स्मृति में है!

प्रौस्पैरो : भूल गया है? मुझे बता दे! बोल! बोल फिर!
कहाँ हुआ था जन्म बता उसका तू मुझको।

एरियल : स्वामी! आह एरजीयर में।

प्रौस्पैरो   : अच्छा यों है? एक बार तब
यद दिलानी होगी तुझको हाँ प्रतिमास कि
तू तब क्या था?
उसे भूल जो जाता है तू!
यह अभिशप्ता साइकोरैक्स चुड़ैल! कि जिसके
क्रूर कर्म अगणित थे भीषण,
जिसका जादू था विकराल कि सुनकर जिसकी
गाथा, मानव जाएँ थर्रा,
निर्वासित कर हटा, दी गई एक दिन,
ज्ञात तुझे? एरजीयर से जब,
छोड़ दी गई किसी एक कारण से ज़िन्दा,
यह सब सच है?

एरियल   : हाँ प्रभु! सच है।

प्रौस्पैरो   : नील कुण्डलों से परिवृत्त नयना वह डायन
अपने शिशु के संग यहाँ पर
लाई गई नाविकों से औ'
छोड़ गए वे उसे यहाँ पर!
मेरे दास! कहा तूने ही था यह मुझसे,
तू उसका था नौकर रे तब!
उसकी घृणित पार्थिव आज्ञा
का पालन करने को तू था
अति वायव्य और कोमल–सा
तूने अस्वीकार किया जब पालन करना
आज्ञा उसकी,
अपने सबल पिशाचों की लेकर सहायता
घोर क्रोध में उसने तुझको
कटे चीड़ के तरु में बन्दी बना दिया था।
अरे अनेकों वर्ष दबा तू रहा वहाँ पर
कठिन यातनाग्रस्त तड़पता,

आया काल अन्त में डायन को करके समाप्त

निज गति से

चलता रहा अबाध, किन्तु तू वहीं रह गया
बँधा हुआ, बन्दी, दुःखों से ग्रस्त विकल-सा!
पनचक्की के पहिए की गति त्वरित सदृश

वे तेरी आहें

आर्त्त कराहें रहीं गूँजती महाशून्य में।
उस डायन के जाये के अतिरिक्त उस समय
यहाँ द्वीप में कब आया था कोई मानव!
चितकबरा पिल्ला वह उस सूहरिया का था
एकमात्र प्राणी एकाकी

यहाँ द्वीप पर!

एरियल : हाँ कैलीबन! उसका बेटा!

प्रौस्पैरो : मूर्ख! वही तो मैं कहता हूँ, कैलीबन ही
जो अब मेरा दास बना है। तुझे याद है

खूब कि तू था

किस दारुण पीड़ा में बन्दी!
तेरी विकल कराहें सुनकर रोते थे भेड़िए पिघलकर,
सदा क्रुद्ध भालू के मन को आर्त्त पुकारें तेरी दुस्सह

हिला-हिला देती थीं, ऐसी

कठिन यातना ने था तुझको बना दिया

अभिशप्त सदा को!

साइकोरैक्स स्वयं भी तुझको
मुक्त नहीं कर पाई, केवल
थी मेरी ही शक्ति, कला, कौशल, प्रवीण वह सिद्धि कि
जब मैं आया, और सुना तेरा क्रन्दन वह,
सुनकर जिसे चीड़ के तरु का
होता था विदीर्ण उर, मैंने—
बन्धन मुक्त किया था तुझको!

एरियल : हूँ कृतज्ञ युग-युग तक स्वामी!

प्रौस्पैरो   : अब यदि अधिक बड़बड़ाएगा,
             ओक वृक्ष मैं एक काटकर,
             गाँठों में उसकी तुझको फिर कीलूँगा मैं
             बीतेंगे बारह जाड़े तुषार से ठिठुरे

                                 फिर तुझ पर से।

एरियल   : क्षमा करें प्रभु! आज्ञा पालन सदा करूँगा,
             मैं प्रफुल्ल मन कार्य करूँगा।

प्रौस्पैरो   : ऐसा ही कर और तुझे मैं
             दो दिन बाद मुक्त कर दूँगा।

एरियल   : हे उदात्त मन मेरे स्वामी!
             आज्ञा दें अब! कहिए मैं क्या करूँ

                                 आप जिससे प्रसन्न हों।

प्रौस्पैरो   : जा! तू बन जा सिन्धु अप्सरस,[1]
             मैं देखूँ या तू देखे अन्यथा सभी को हो अदृश्य तू!
             ऐसा धरकर रूप यहाँ आ, कौशल से जा

                                 श्रम सलग्न तू!

             (एरियल का प्रस्थान)

             जाग! जाग! मेरी बेटी तू! बहुत सो चुकी!
             जाग लाड़ली! हृदय दुलारी!

मिरैण्डा   : पिता! कहानी का वैचित्र्य
                   तुम्हारा ऐसा
             जिसने बोझिल किया हृदय मेरा अनजाने।

प्रौस्पैरो   : करो दूर शैथिल्य, चलो अब,
             कैलीबन है दास हमारा, मिलें उसी से,
             कभी नहीं देता विनम्र उत्तर वह हमको!

मिरैण्डा   : बड़ा नीच है वह खल निश्चय,
             मैं तो उसकी शक्ल देखना भी न चाहती।

प्रोस्पैरो   : जो कुछ भी हो, उसके बिना काम भी अपना

---

1. अप्सरस Nymph के लिए प्रस्तुत किया है।

नहीं चलेगा, वही पकाता भोजन अपना,
लाता ईंधन, और हमारे लिए अनेकों
कार्य लाभदायक करता है। अरे! कहाँ है!
ओ कैलीबन! दास! बोल!

ओ जड़ माटी तू!

कैलीबन : *(नेपथ्य में)* भीतर काफ़ी ईंधन है तो!

प्रौस्पैरो : अरे इधर आ! मैं कहता हूँ। और काम है,
आ रे कछुए!

(एरियल का पुनः प्रवेश, अब वह जल-अप्सरस के रूप में है।)

सुभग वेश है! मधुर विचित्र एरियल मेरे!
आ सुन बात कान में मेरी।

एरियल : हाँ स्वामी! ऐसा ही होगा।

(प्रस्थान)

प्रौस्पैरो : ओ ज़हरीले आ गुलाम! कुटिला माता के पूत,
स्वयं शैतान पिता है तेरा। ओ जघन्य आ रे तू

(कैलीबन का प्रवेश)

कैलीबन : जो विषाक्त दलदल से थी बुहारती मेरी
माँ काले कौए के पर से घृणित ओस वह
तुम दोनों पर गिरे! और दक्षिण पश्चिम का
उष्ण पवन तुम दोनों पर अब बहे वेग से,
छाले पड़ जाएँ अंगों में सकल तुम्हारे।

प्रौस्पैरो : निश्चय रख इसका फल होगा आज रात में

तुझे अंग पीड़ा का अनुभव

इतनी मार लगेगी देख पसलियों में जो

साँस न भर पाएगी तेरी!

सारी लम्बी रात प्रेत नोचेंगे तुझको
जैसे तू हो मधु का छत्ता;

जिस पर ममाखियों के लगते डंक-डंक पर!

कैलीबन : मैं खाऊँगा खाना! यह है द्वीप

द्वीप है मेरा ही यह,

मेरी साइकोरैक्स मात थी, जिसने

दिया द्वीप यह मुझको,

तुने मुझसे छीन लिया है।

जब तू आया शुरू-शुरू में यहाँ एक दिन,

फुसलाता था मुझे, बनाता, बहकाता था,

और मुझे रसभरी खिलाता था हाथों से?

तूने बड़ी ज्योति का मुझको नाम बताया

और बताया कैसे छोटी ज्योति रात औ' दिन जलती है,

तुझे प्यार करता था तब मैं!

तभी तुझे इस सकल द्वीप के गुण दरसाए,

नूतन निर्झर, सोते निर्मल, बंजर और उपजाऊ धरती,

आह! आह! सब शाप घेर लें मुझे कि मैंने

क्यों की ऐसी भूल भयानक!

जादू साइकोरैक्स मात के सारे टूटें

टूटें तुम पर चमगादड़, मक्खी औ' मेंढक,

गिरें बिजलियाँ!

मैं जो था पहले अपना ही राजा

उसे गुलाम बनाया तूने!

मुझे हाय इस कठिन क्रूर चट्टान गुहा में

सूअर सा रखता है अब तू!

सारा द्वीप पड़ा है, मुझसे दूर हो गया,

मेरा सब सम्बन्ध हो गया अलग सभी से।

प्रौस्पैरो : ओ अति झूठे दास! नहीं कोड़े भी तुझको

विचलित करते। दया व्यर्थ है।

मैंने तुझे बनाया है कुछ।

ओ गन्दगी जघन्य! मानवी संवेदन से,

मैंने तुझे गुफा में अपनी ही ठहराया,
किन्तु अन्त में तूने मेरी पुत्री की लज्जा पर ही
यह पंजा फेंका!

कैलीबन : ओहो! ओहो! काश कर सका होता मैं यह,
रोका तूने मुझको सहसा,
और नहीं तो सकल द्वीप यह
कैलीबन जैसों से ही भर जाता फिर

प्रौस्पैरो : ओ रे घृणित गुलाम! नीच सुन
कोई भी सज्जनता दूर न कर पाएगी
तेरी यह नीचता जान ले!
तू समर्थ है सकल पाप करने को कलुषित!
मैंने की थी करुणा तुझ पर,
श्रम-प्रयत्न कर तुझे बोलना
सिखलाया था मैंने, तुझको
एक-एक कर नाम बताए दिखा-दिखा
प्रति वस्तु जगत् की,
जबकि जंगली बर्बर तुझको ज्ञात नहीं था
अरे अर्थ अपना ही, केवल
पशु-सा करता था तू ध्वनियाँ!
मैंने तेरी ध्वनियों को सार्थक करके तेरे कार्यों को
'शब्द' बनाया।
किन्तु नीच प्राणी तू अपनी अधम जाति का
प्रतिनिधि ही है,
सीखा तूने, किन्तु प्रकृति की कुत्सा उभरी तेरे भीतर,
तभी उचित हो गया तुझे चट्टान गुहा में बन्दी करना
वैसे तो तू कारागृह के योग्य जीव है।

कैलीबन : तूने मुझे सिखाई भाषा और तुझे मैं
गाली दे पाता हूँ, इतना मुझको

लाभ हुआ है इस उद्यम से।

हिंस्र महामारी टूटे तुझ पर यह

भाषा क्योंकि सिखाई तूने मुझको अपनी।

प्रौस्पैरो   : ओ डायन के जाये! घृणित! निकल बाहर तू,

ईंधन ला अब! जल्दी आ फिर!

नहीं काम में मन लगता है तेरा कुत्सित!

ओ विद्वेषी! झिझक रहा है।

यदि न करेगा तू मेरे यह काम जान ले,

अगर अनमना ही कर सेवा कार्य करेगा,

दूँगा तुझको कड़ी सज़ा जो याद करेगा,

हड्डी-हड्डी में भर दूँगा दर्द, जन्तु-सा चिल्लाएगा

तू हा हा कर,

हिंस्र वन्य पशु तेरे चीत्कारों को सुनकर थर्राएँगे।

कैलीबन   : नहीं, नहीं, ऐसा मत करना।

(*स्वगत*) आज्ञा का पालन तो मुझको करना होगा,

इसमें बड़ी शक्ति है, कौशल सिद्धि बड़ी है

सचमुच इसकी!

मेरी माँ का वह देवता सेतेबस भी सच

क्या कर लेगा!

इसमें इतनी शक्ति है कि यह

दास बना सकता उसको भी!

प्रौस्पैरो   : जा गुलाम! अब हुक्म बजा ला।

(कैलीबन का प्रस्थान। अदृश्य एरियल का पुनः प्रवेश। वह बाजा बजाता हुआ गा रहा है। फर्डिनैण्ड पीछे-पीछे आ रहा है।)

(एरियल का गीत)

आओ इस पाण्डुर सिकता में

लो यह थामो हाथ,

मधुर मिलन में सुख पाओगे,
सुख पाओगे साथ।
मतवाली लहरों ने चुम्बन
लिया मौन नीरव का,
तुम भी डगमग उठ चल आए
सब कुछ वह भीषण था,
ओ आत्माओ! अरे पिशाचो!
गीत प्रतिध्वनि तुम गुंजारो।
सुनो सुनो हे!
(प्रतिध्वनि (अव्यवस्थित) बाउ वाउ!)

एरियल : भौंक रहे हैं प्रहरी कुत्ते!

(प्रतिध्वनि (अव्यवस्थित) बाउ वाउ!)

एरियल : सुनो! सुनो! लो बोल रहा है मुर्गा कोई

(प्रतिध्वनि : कौकै डिडल डाउ!)

फर्डिनैण्ड : अरे कहाँ से यह संगीत आ रहा?
धरती में से या कि वायु से
अब ध्वनि खोई! निश्चय कोई
द्वीप-देवता है यह जिसके लिए गीत
गाया जाता है।

अरे तीर पर मैं बैठा था
पिता नृपति के महाध्वंस की स्मृति में रोता,
लहरों पर झूमा यह मीठा गीत सुरीला
मुझे घेरता,
इसके इन्द्रजाल ने ज्यों मेरी ज्वाला को
औ' लहरों का क्रुद्ध विकम्पन
शान्त कर दिया।
तब से इसका पीछा करता आता हूँ मैं,
या यह लिए जा रहा मुझको खींचे-खींचे,
किन्तु हन्त! अब गीत कहाँ है?
नहीं, सुनाई देता है फिर!

(एरियल गाता है।)

अतल सिन्धु में पिता तुम्हारे
सोए हैं विश्रान्त,
बनीं अस्थि उनकी प्रवाल हैं
बदली उनकी कान्ति,
मोती बने नयन अब उनके
हुआ न कुछ भी क्षीण
सागर-परिवर्तन है केवल
रूप-परिचलन लीन,
रूप और अब मूल्यवान है
अद्भुत है अस्तित्व
पंचभूत का यही सत्य है,
अमर यही मर्त्यत्व!
सिन्धु-अप्सरस घड़ी-घड़ी है
घण्टों का कर नाद
प्रतिध्वनि से गुंजित करते नभ
जल में भर प्रतिनाद।

(प्रतिध्वनि डिंग-डोंग)

एरियल : अरे सुन रहा हूँ मैं यह घण्टों की ध्वनि भी!

फर्डिनैण्ड : आह गीत है स्मरण दिलाता
सिन्धु निमग्न पिता का मेरे
नहीं नाद यह कोई पार्थिव।
धरती का यह शब्द नहीं है।
यह तो सुन पड़ता है मुझको अन्तराल में!

प्रौस्पैरो : नयनों की चिलमन पलकों को तनिक हटाकर
देख! तुझे क्या वहाँ दीखता!

मिरैण्डा : यह क्या है? कोई आत्मा है? पिता देखिए!
प्राणी कैसा देख रहा है घूम-घूमकर!
कितना सुन्दर है निश्चय यह! किन्तु एक वायव्य आत्मा
है यह केवल!

प्रौस्पैरो : नहीं बालिके! यह खाता है, यह सोता है,
और हमारी भाँति सकल तन्मात्राओं का अनुभव करता।
यह जो वीर देखती है तू था बोहित में नष्ट हुआ जो।
दु:ख ने इसे किया है आविल,
अरे विषाद रूप के सुन्दर कुसुम वक्ष में कीट सदृश है,
तू इसको मनुष्य कह सकती, सज्जन निश्चय,
बिछुड़ गया है, संगी साथी नष्ट हो गए,
और भटक है रहा, उन्हें यह ढूँढ रहा है।

मिरैण्डा : मैं तो इसको कहूँ अपार्थिव दैवी सत्ता,
मैंने पार्थिव कोई रूप न देखा अब तक

ऐसा सुन्दर!

प्रौस्पैरो : (स्वगत)
लो पथ पर चल पड़े चरण ये, देख रहा हूँ,
जैसा मैंने चाहा वैसे। ओ आत्मा! ओ

सुन्दर आत्मा!

तुझको निश्चय दो दिन में ही मुक्त करूँगा।

फर्डिनैण्ड : यही! यही है देवी निश्चय
जिसकी सेवा में रत हैं वह आत्माएँ सब;
शपथ प्रार्थना मेरी जानेगी क्या सचमुच
आह द्वीप पर रहतीं यदि तुम?
दो मुझको तुम सदुपदेश मैं
कैसे बोलो रहूँ यहाँ पर
यही याचना है प्रधान मेरी बतलाओ
ओ अवाक् करने वाली अद्भुत हे छवि-श्री!
तुम हो कौन! एक देवी या मनुजकुमारी!

मिरैण्डा : अद्भुत कुछ भी नहीं, एक हूँ मनुजकुमारी!

फर्डिनैण्ड : मेरी भाषा! हे परमात्मा!
अरे जहाँ बोलते लोग इस भाषा को हैं
सर्वश्रेष्ठ मानव माना जाता हूँ मैं ही उस धरती पर

प्रौस्पैरो : सर्वश्रेष्ठ तुम! कैसे बोलो! क्या थे तुम? यदि
सुन पाए नेपिल्स-नृपति यह!

फर्डिनैण्ड : जैसा अब हूँ, था वैसा ही, मैं साधारण
एक वस्तु हूँ, अचरज-डूबा।
सोच कि तुम सब बोल रहे हो
भाषा मेरी, हाँ नेपिल्स प्रान्त की ऐसी!
सुनते हो तुम! रोता हूँ मैं! मैं ही हूँ नेपिल्स स्वयं ही
गीले मेरे नयनों से उतरा न ज्वार है,
इनमें ही मैंने देखा है
सर्वनाश निज पूज्य पिता का महासिन्धु में।

मिरैण्डा : हाय वेदने!

फर्डिनैण्ड : नहीं अकेले! सकल गए सामन्त लार्ड भी संग गए वे,
ड्यूक मिलैन प्रान्त के, और उनका सुत खोया।

प्रौस्पैरो : (स्वगत) ड्यूक! मिलैन का! हाँ औ' उसकी
दुहिता साहसपूर्णा अब तुझ पर अपना काबू कर लेंगे।
क्या यह समय आ गया है अब?
प्रथम मिलन में ही दोनों के नयन मिल गए।
अहे एरियल कोमल! तुझको इसीलिए मैं मुक्त करूँगा।
(फर्डिनैण्ड से) एक शब्द है आगन्तुक! बस एक शब्द ही,
मुझे लग रहा, तुमने अपनी स्वयं हानि कर ली है कोई।

मिरैण्डा : मेरे पिता किसलिए इतने रूखेपन से बोल रहे हैं!
यह है मनुज तीसरा जो मैंने देखा है।
किन्तु प्रथम है जिसे देखकर मेरे मन में ऊष्मा छाई,
करुणे! पिता दयालु बनें! हों मेरे मन की भाँति
स्निग्ध ही!

फर्डिनैण्ड : यदि तुम एक कुमारी ही हो, और अभी तक
प्रेम तुम्हारा बँटा नहीं है कहीं अन्य जा,
तुम्हें बनाऊँगा रानी नेपिल्स देश की!

प्रौस्पैरो : क्या कहते हो! रुको! न बोलो!

(*स्वगत*) इन दोनों पर तो चल गया परस्पर जादू,
किन्तु प्रीति यह सहज बना दूँगा दुर्गम मैं,
बहुत सहज हो जाए प्राप्ति तो, सच उसके प्रति
आकर्षण रहता न हृदय का अधिक समय तक।
(*फर्डिनैण्ड से*) एक शब्द भी यदि बोले तुम,
मैं अभियोग लगा दूँगा यह मेरे सम्मुख
तुम वह नाम हड़पते हो जो नहीं तुम्हारा,
अरे द्वीप पर बने गुप्तचर तुम आए हो!
मैं स्वामी हूँ यहाँ, छीनने को आए तुम
मेरी धरती? मेरा बोलो! राज्य इस तरह!

फर्डिनैण्ड : नहीं, शपथ है यह असत्य है।

मिरैण्डा : ऐसे शिर में कभी नहीं रह सकती कुत्सा,
अरे पाप इतने सुन्दर घर में रह सकता?
यदि ऐसा है तो क्या पुण्य छोड़ देंगे सच
वास प्राप्त करने का संघर्षण फिर इसमें?

प्रौस्पैरो : मेरे संग तुरत चल! रुक मत! मत कर इसकी
तू पैरवी, अरी यह कोई

        है विश्वासघात-पटु छलिया!

बाँधूँगा शृंखल में तेरी ग्रीवा औ' पग,
खारा जल सागर का अब से सदा पिएगी
शुष्क मांस, सूखी जड़ियाँ औ'
भूसी, जिसमें फल जैतून वृक्ष के मिश्रित,

      अबसे तेरा खाना होगा,

अरी संग आ मेरे अब चल!

फर्डिनैण्ड : नहीं, परास्त न जब तक होऊँ
तब तक मैं इसका विरोध अविराम करूँगा।
**(खड्ग खींचता है, और हिलने-डुलने से विवश हो
जाता है। प्रौस्पैरो जादू मार देता है।)**

मिरैण्डा : आह! पिता! इतने कठोर मत बनें हाय अब!

वह कोमल है, नहीं भयानक! करुणा करिए!

प्रौस्पैरो : क्या कहती है? मेरा पाँव बने गुरु मेरा?
ओ विश्वासघात के पुतले! खड्ग उठा ले!
मुझे डराता है दिखलाकर? आता भी है तुझे चलाना?
साहस है प्रहार करने का! तेरी सारी देख! चेतना
ढँकी हुई है महापाप से! अपराधों से!
ओ रे बालक!
इसी एक डण्डे से मैं निःशस्त्र करूँगा तुझको क्षण में,
शस्त्र गिरा दूँगा तेरा धरती पर, सुन ले!

मिरैण्डा : क्षमा करें, हे पिता! दयाकर!

प्रौस्पैरो : चुप रह! मेरे वस्त्र मत पकड़।

मिरैण्डा : पिता! करें करुणा! मैं इसका
लेती हूँ उत्तरदायित्व स्वयं ही इस क्षण।

प्रौस्पैरो : ओ चुप रह तू! एक शब्द भी यदि अब बोली
डाँटूँगा मैं! यदि न घृणा तक पहुँचूँगा मैं!
अरे! बनी है तू वकील इस पाखण्डी की,
धिक् है तुझको! सोच रही है शायद मन में
इस जैसी आकृतियाँ जग में और नहीं हैं?
कैलीबन औ' इसे, सिर्फ़ दो ही देखे हैं तूने जग में,
मूर्ख बालिके! जन साधारण में यह भी बस
कैलीबन जैसा सुन्दर है,
इसके लिए न जाने कितने मानव लगते देवदूत हैं!

मिरैण्डा : मेरा स्नेह विनत है जो वह
नहीं महत्त्वाकांक्षा रखता
इससे बढ़कर किसी मनुज को आगे देखे!

प्रौस्पैरो : चल! कर तू आज्ञा का पालन!
अभी अबोध मूर्ख ही है तू, नहीं बुद्धि में
शक्ति तनिक तेरे जो समझे!

फ़र्डिनैण्ड : ये तो सच है। मेरा चेतन बद्ध हुआ है।

जैसे वह है एक स्वप्न में!

पिता खो गए, मैं निर्बल हूँ, मित्र गए, विध्वंस छा गया,

फिर यह मानव है कठोर मुझको धमकाता,

मैं हूँ नत दुर्बल-सा केवल,

किन्तु नहीं है यह सब ऐसा जो गुरुतर हो।

अपने बन्दी जीवन में यदि नित्य एक ही

बार देख मैं सकूँ रूप इस प्रिय कुमारी का,

सारी पृथ्वी स्वतन्त्रता में झूमे गाए,

मुझे बहुत है ठौर उसी बन्दीगृह की ही।

प्रौस्पैरो : *(स्वगत)* कार्य सफल हो गया यहाँ तो।

(फर्डिनैण्ड से) चलो साथ तुम!

(स्वगत) साधु एरियल! खूब किया यह

काम बड़े कौशल से तूने!

(फर्डिनैण्ड से) आओ पीछे!

(एरियल से) आ सुन! तुझे बताऊँ अब क्या

करना तुझको।

मिरैण्डा : आप शान्त हों।

मेरे पिता सरल हैं, उनका तो स्वभाव भी बड़ा मधुर है,

वाणी से कुछ पता नहीं चलता है उनका,

पर जो कुछ हो रहा इस समय वह तो मुझको

है अभ्यस्त नहीं, पिता का नया रूप है।

प्रौस्पैरो : तू स्वतन्त्र होगा पर्वत के चल समीर-सा।

किन्तु ठीक पालन कर अब मेरी आज्ञा का।

एरियल : करूँ शब्दश:।

प्रौस्पैरो : आओ पीछे। दुहिते! आओ!

उसके हित में शब्द न बोलो!

(सबका प्रस्थान)

दूसरा अंक

दृश्य 1

(द्वीप का अन्य भाग)
(एलोन्ज़ो, सैबैस्टियन, एण्टोनियो, गोन्ज़ालो, एड्रियन,
फ्रैन्सिस्को तथा अन्यों का प्रवेश)

गोन्ज़ालो : मेरी विनय यही है श्रीमान्! अब प्रसन्न हों,
जैसे सुख का विषय आपको, तैसे हमको,
कहीं अधिक यह बड़ा लाभ है कि हम बच गए
                       अपनी हानि देखकर कह दें।
दु:ख भी हम सबका समान है।
प्रतिदिन अरे किसी नाविक की पत्नी या
व्यापारी कोई, यही कहानी दु:ख की गाते,
चमत्कार पर यही है कि हम बच निकले हैं।
लाखों में दो चार बात यह कह सकते हैं,
इसीलिए श्रीमन्त! ज्ञान से अपने तोलें
दु:ख के साथ तुला में अपना ये सुख भी तो!

एलोन्ज़ो : रहो शान्त तुम!

सैबैस्टियन : यह सांत्वना एक बासी लप्सी-सी लगती।

एण्टोनियो : मिलने वाले और भला क्या दे पाएँगे?

सैबैस्टियन : देखो! देखो! अपनी अब यह अकल-घड़ी में

भरने लगे घुमाकर चाभी धीरे-धीरे,
अब यह धीरे-धीरे क्रमशः बजा करेगी।

गोन्ज़ालो : श्रीमान्...

सैबैस्टियन : एक बज गया।

गोन्ज़ालो : मिलने वाला प्रति दुःख जब झेला जाता है,
तभी खिलाड़ी को मिलता है...

सैबैस्टियन : द्रव्य!

गोन्ज़ालो : द्रव नयनों का! यही सत्य है,
आप कह गए कहीं विशाल सत्य अपने लघु
चिन्तन से भी!

सैबैस्टियन : मैंने कब सोचा था इतनी तीव्र बुद्धि से
आप अर्थ कर लेंगे इतना विशद आप ही!

गोन्ज़ालो : इसीलिए श्रीमान्...

एण्टोनियो : रे धिक्! क्या जिह्वा का इतना अतिव्यय ऐसा।

एलोन्ज़ो : जाने भी दो!

गोन्ज़ालो : जैसा आप कहें वह ही हो, फिर भी...

सैबैस्टियन : बात चल रही।

एण्टोनियो : बदो शर्त अब! कहो कौन पहले चहकेगा?
यह कि एड्रियन?

सैबैस्टियन : बूढ़ा मुर्गा!

एण्टोनियो : चूज़ा प्यारा!

सैबैस्टियन : शर्त बताओ।

एण्टोनियो : एक ठहाका।

सैबैस्टियन : बड़ी बदी है।

एड्रियन : यद्यपि लगता द्वीप एक मरुभूमि सदृश यह...

सैबैस्टियन : हा हा हा हा! जीत गए तुम।

एड्रियन : दुर्गम, औ' अयोग्य बसने के...

सैबैस्टियन : तद्यपि—

एड्रियन : तद्यपि...

एण्टोनियो	:	चूक नहीं पाया वह सचमुच!
एड्रियन	:	कोमल, नम औ' मधुर ताप[1] की आवश्यकता...
एण्टोनियो	:	ताप एक कोमल नारी का सुन्दर गुण है।
सैबैस्टियन	:	कितनी विद्वत्ता से यह कह गए कि नम है!
एड्रियन	:	कितनी गन्धित वायु आ रही। श्वास खींचती!
सैबैस्टियन	:	जैसे हैं फुफ्फुस उसके! पर सड़े हुए हैं!
एण्टोनियो	:	या दलदल की सुरभि ला रही,
गोन्ज़ालो	:	जो है जीवन का शुभकर है
एण्टोनियो	:	सच, सिवाय जीवन साधन के!
सैबैस्टियन	:	वह तो हैं ही नहीं यहाँ पर।
गोन्ज़ालो	:	कितनी घनी घास है कैसी, मतवाली-सी,

देखो कितनी हरी सुहावन!

एण्टोनियो	:	सचमुच धरती तो पीली-सी भूरी-सी है!
सैबैस्टियन	:	किन्तु हरी है उसकी आँख निहारो![2]

फिर क्या?

एण्टोनियो	:	बहुत अधिक है क्या अभाव तब बोलो उसको!
सैबैस्टियन	:	नहीं। सत्य को बिल्कुल उल्टा करके ही वह देख

रहा है।

गोन्ज़ालो	:	और अजूबा इसमें यह है—
		जो सचमुच विश्वास-परे है—
सैबैस्टियन	:	ज्यों होते बहुधा हैं बहुत प्रमाणित ऐसे कई अजूबे,
गोन्ज़ालो	:	वस्त्र हमारे भींग गए थे ये लहरों में,
		पर फिर भी हैं नए लग रहे।
		केवल साफ़ हो गए हों बस यही नहीं है,

---

1. Temperance, temperature किन्तु temperance को व्यक्तिवाचक संज्ञा के रूप में लेकर शब्दों का आगे खिलवाड़ किया गया है। हम इसे गति में अन्य रूप में रखते हैं। शेक्सपियर का भाव भी बना रहता है।

2. हरी आँख ईर्ष्यालु मानी जाती है।

ऐसा लगता रंग नए हैं इनके फिर से !
खारे जल के धब्बे तो दिखते न तनिक भी ।

एण्टोनियो : आह, झूँठ की भी सीमा है ।

सैबैस्टियन : झूँठ जेब में रखी रहती, तुम भी रख लो ।

गोन्ज़ालो : ऐसे नए कि जैसे थे जब पहने हमने
प्रथम बार एफ्रिक में, जब विवाह था सुँदरी
क्लैरीबल सम्राट् सुता का ट्यूनिस के नृप से,

यह सच है ।

सैबैस्टियन : कितना मधुर हुआ वह परिणय ! और उसी का

फल है हम कितने समृद्ध हैं !

एड्रियन : ऐसी रानी श्रेष्ठ प्राप्त करने का पहले
ट्यूनिस को भी नहीं मिला सौभाग्य कभी भी !

गोन्ज़ालो : हाँ, विधवा डीडो के बाद नहीं मिल पाया ।

एण्टोनियो : विधवा ! ओ धिक्कार ! आ गई कैसे विधवा !
विधवा डीडो !

सैबैस्टियन : यदि वह कहता अरे 'विधुर ईनीज़' और भी,

तो भी क्या था !

हे भगवान ! न जाने तुम कैसे सहते हो !

एड्रियन : विधवा डीडो ! बोले थे तुम ! मुझे ध्यान आता है

इस पर,

ट्यूनिस की वह कब थी ! थी कारथेज देश की ।

गोन्ज़ालो : था कारथेज यही ट्यूनिस तो !

एड्रियन : कारथेज था ?

गोन्ज़ालो : मानो कहना, कारथेज था ।

एण्टोनियो : अरे एम्फ़ियन का वह बरबत
जिसने दीवारें थी बीज़ भग्न की फिर से निर्मित कर दीं
अपने चमत्कारमय मीठे झंकृत स्वर से,
इसका शब्द कहीं ज़्यादा है उस बरबत से !

सैबैस्टियन : दीवारें कर दी हैं निर्मित ! खड़े कर दिए हैं घर भी तो !

एण्टोनियो : कौन असम्भवता अब सरल करेगा यह फिर ?

सैबैस्टियन : अब यह द्वीप बचा है जिसे जेब में धर यह
घर ले जाएगा औ' अपने बेटे को फिर
कहकर 'सेब' खेलने खाने को दे देगा।

एण्टोनियो : फिर इसके वो बीज सिन्धु में यह उगाएगा।
ऐसे कई द्वीप सच मानो !

गोन्ज़ालो : अरे...अरे...

एण्टोनियो : यह है मौके से ! बहुत शीघ्र ही।

गोन्ज़ालो : मैं श्रीमान् कह रहा था अपने वस्त्रों की
वे ऐसे हैं नए दीखते जैसे ट्यूनिस
में विवाह में कन्या के थे, जो बिटिया
अब तो रानी है।

एण्टोनियो : ऐसी जैसी कभी नहीं थी।

सैबैस्टियन : विधवा डीडो को, प्रार्थना करता हूँ छोड़ो।

एण्टोनियो : विधवा डीडो ! फिर आई वह विधवा डीडो ?

गोन्ज़ालो : क्या श्रीमान् प्रथम दिन पहने जैसे मैंने
नए वस्त्र थे, वैसे ही वे आज नहीं हैं ?
मतलब है मैं कहता हूँ यह, एक तरह[1] से...

एण्टोनियो : अजी तरह वह गई हाथ से !

गोन्ज़ालो : जब मैंने पहने थे पहले
श्रीमान् की पुत्री के परिणय...

एलोन्ज़ो : उफ़ तुम कितनी बार बात यह दुहराते हो !
मिचली आती है रटन्त यह सुनकर मुझको।
काश ब्याहता नहीं कभी अपनी पुत्री को

---

1. तरह वैसे Sort है। एण्टोनियो तरह को ढूँढने को कहता है, जैसे मछली मारी जाती है। शेक्सपियर के पाठक-विद्वान् Sort को यहाँ शब्दों का खिलवाड़ मानते हैं और कहते हैं कि Sort को बराबर मानना चाहिए Lot के। Lot माने हिस्सा है। यह सब निकृष्ट कोटि का मज़ाक़ है। हिन्दी में अनुवाद वही नहीं हो सकता।

वहाँ! वहीं से आते में तो मैंने अपना
पुत्र खो दिया औ' दुहिता भी, जो इटली से
इतनी दूर हो गई, कभी नहीं मैं देख सकूँगा।
ओ मिलैन, नेपिल्स देश के उत्तराधिकारी मेरे तू!
जाने किस विचित्र मछली ने तुझको अपना

भक्ष्य बनाया!

फ़्रैन्सिस्को   : क्या जाने वे जीवित ही हों!
मैंने उन्हें तरंगों पर लड़ते देखा था
वे लहरों को दाब वीर से चढ़े हुए थे!
लहरों के आक्रमण हटाते थे वे पीछे,
और भीम ऊर्मियाँ वक्ष से जब टकरातीं
महावेग से उनको पीछे ठेल-ठेलकर
अपना वीर भाल ऊपर ही रखते थे जल की मारों में,
दीर्घबाहु से पतवारों की भाँति सिन्धु को
खेते थे वे! तीर ओर बढ़ते थे रह-रह,
लहरें फटती जाती थीं ज्यों राह दे रहीं,
मुझे नहीं सन्देह! तीर पर पहुँचे होंगे

वे अवश्य ही।

एलोन्ज़ो   : नहीं, नहीं वह नहीं रहा अब!
सैबैस्टियन   : धन्यवाद दीजिए स्वयं को ऐ श्रीमान् अब

ऐसी हानि घोर पर निश्चय!

चला गया सौभाग्य हाय यूरोप का अब तो
वैसी कन्या पाने का, जिसका परिणय है
हुआ एक अफरीकी से, यों कम से कम वह
निर्वासित हो गई आपकी आँखों से तो!
जिसके नयनों को आँसू बरसाने को अब

कारण तो है प्राप्त हो गया!

एलोन्ज़ो   : हे भगवान शान्त हो जाओ!
सैबैस्टियन   : किए जानु नत, प्रार्थना विनती क्या न कर लिया

हम सबने था, स्वयं विचारी वह सरला भी
आज्ञापालन और हिचक के बीच झूलती
रही अभागिन! किन्तु अन्त में झुकना पड़ा उसे जैसे
    शहतीर झुक गया, इतना था उस पर दबाव वह!
हमने पुत्र आपका खोया, मुझको डर है,
                    हाय सदा के लिए! और अब
मिलैन और नेपिल्स देश में इसी कार्य से
इतनी विधवाएँ उठ खड़ी हुई हैं, जिनके
लिए नहीं पहुँचा सकते हम पुरुष, सांत्वना
देने उनको! किन्तु दोष है सारा किसका?

                        स्वयं आपका!

एलोन्ज़ो   : यह कितना महँगा नुकसान हुआ है अपना!
गोन्ज़ालो   : सैबैस्टियन श्रीमन्त! सत्य कह गए आप हैं,
             किन्तु नहीं थी उसमें मृदुता या प्रियता कुछ।
             यह समय था क्या कहने को?
             घाव मल दिया? जबकि लगा देना था मरहम?
सैबैस्टियन   : अच्छा तो फिर?
एण्टोनियो   : किन्तु डॉक्टर बनकर ही तो कार्य किया यह?
गोन्ज़ालो   : हे श्रीमन्तो! है हम सबकी व्यथा एक यदि

                        दुःखग्रस्त हो!

             सबका है दुर्दिन यदि कोई मेघाच्छादित!
सैबैस्टियन   : कैसा दुर्दिन!
एण्टोनियो   : बहुत क्लेशमय!
गोन्ज़ालो   : हे श्रीमन्त, अगर मैं होता
             स्वामी सच इस विजन द्वीप का...
एण्टोनियो   : तो यह तो बिच्छू[1] के बीच यहाँ पर।
सैबैस्टियन   : या फिर नरकुल, या फिर झाड़ी!

---

1. एक पहाड़ी पौधा, जिसे छूते ही डंक-सा लगता है।

गोन्ज़ालो : होता यदि सम्राट वहाँ मैं, तब क्या करता ?

सैबैस्टियन : मदिरा के अभाव में पड़ता नहीं नशे में।

गोन्ज़ालो : अरे राष्ट्रमण्डल में अपने द्वन्द्वपक्ष मैं
देख पूर्ण करता अपने सब कर्त्तव्यों को।
यहाँ न वाहन चलने देता किसी तरह के,
यहाँ न होते न्यायाधीश

नाम को भी सच,

लिखत पढ़त होती न तनिक भी,
वैभव, दरिद्रता, सेवा होती न तनिक भी,
ठेके और विरासत, नाले, खेत, जुताई,

अंगूरों के बाग न होते,

होता नहीं प्रयोग धातु का, अन्न, तेल, मदिरा का भी रे,
धन्धा होता नहीं यहाँ पर कोई : सारे
मनुज आलसी होते सारे, औ' नारी भी,
पर होती वे शुद्ध अबोध पवित्र निर्मला।
कोई राजा-शक्ति न होती...

सैबैस्टियन : फिर भी यह राजा ही होते !

एण्टोनियो : अंश राष्ट्रमण्डल का इसका आदि भूल जाता है अपना।

गोन्ज़ालो : प्रकृति सर्वसाधारण को सब पैदा करके
देती, होता श्रम न स्वेद ही। औ' चाकू औ'
खड्ग तीव्र, भाला, कटार, बन्दूक न होती
पाप और छल औ' विश्वासघात सब पातक

अत्याचार नहीं होते औ'

किसी तरह का यन्त्र नहीं रहने देता मैं।
बस जो प्रकृति स्वयं उपजाए वह ही रहता।
फल से बीज, बीज से फल की प्रतिकृति चलती,
प्रचुर और बहुतायत से जो—
वही सरल मन मेरी प्रजा चैन से खाती।

सैबैस्टियन : होता नहीं विवाह प्रजा में इसकी कोई।

एण्टोनियो : नहीं कभी भी! काहिल होते सभी, और तब
लुच्चे और छिनाल यही दो किस्में होतीं!

गोन्ज़ालो : मैं ऐसी सर्वज्ञ पूर्णता से हे श्रीमान्!
शासन करता लोग स्वर्ण युग को भी जाते
भूल आप ही!

सैबैस्टियन : जय सम्राट् आपकी जय हो!

एण्टोनियो : हों चिरायु गोन्ज़ालो अपने!

एलोन्ज़ो : शान्त-शान्त अब बहुत हो चुका।
करो न मुझसे बात तनिक भी।

गोन्ज़ालो : हाँ श्रीमन्त जानता हूँ मैं।
यह सब मैंने किया कि इनके मन को रखूँ,
यह ऐसे हैं जोकि अकारण ही हँस लेते
बड़े लचीले नाज़ुक हैं इनके तो फुफ्फुस!

एण्टोनियो : हम तो तुझ पर ही हँसते थे।

गोन्ज़ालो : मैं इस मूर्ख मनोरंजन में भला आपका
कर सकता हूँ क्या मुकाबिला?
जारी रखिए, बिना बात के हँसना अपना नहीं रोकिए।

एण्टोनियो : कैसी चोट ज़ोर की है!

सैबैस्टियन : गिरी न दूर लक्ष्य से अपने!

गोन्ज़ालो : आप बने उस वीर धातु के हे श्रीमन्तो!
उठा लाएँ चन्दा को उसकी प्रकृत-परिधि से,
सिर्फ़ पाँच हफ़्ते भी जो वह
शक्ल बिना बदले रह जाए।
(एरियल का प्रवेश (अदृश्य)। वह मीठा गीत गा रहा है।)

सैबैस्टियन : कर सकते हैं हम, फिर जाएँ निशाकाल में
पक्षि पकड़ने।[1]

---

1. यह चोरों की तरकीब मानी जाती थी, जब वे दुकानों के ताले तोड़ते थे। साँझ ढले वे यह बहाना करके रह जाते थे कि उनका हीरा गिर गया है, वे उसे ढूँढ रहे हैं।

एण्टोनियो : नहीं, नहीं, श्रीमान्! क्रुद्ध मत हों ऐसे अब!

गोन्ज़ालो : शपथ, यों नहीं! मैं विवेक निज
ऐसे नहीं लगा सकता हूँ कभी दाँव पर।
क्या मेरे सोते में भी श्रीमन्त! बताएँ
मुझ पर हँसते रह सकते हैं?
भारी है माथा यह मेरा।

एण्टोनियो : सो जाओ तुम, सुनते रहना हँसते हमको।
**(एलोन्ज़ो, एण्टोनियो और सैबैस्टियन के अतिरिक्त
सब सो जाते हैं।)**

एलोन्ज़ो : कैसे सब सो गए! अरे सब इतनी जल्दी!
काश आँख मेरी भी मुँदतीं, इस चिन्ता से
मुझे दूर कर देतीं, पलकें भारी तो हैं!

सैबैस्टियन : यदि आती है ऐसी झपकी उसे न रोकें।
आना चाहे नींद कभी व्यवधान न डालें,
दुःख में बहुत, बहुत कम आती है यह चपला,
आती है तो देती है सुख शान्ति बहुत ही।

एण्टोनियो : हम दोनों, हे प्रभु! जब आप शयन करते हैं,
खड़े रहेंगे अंगरक्षकों से तत्पर हो।

एलोन्ज़ो : धन्यवाद...कितना भारी है माथा मेरा!
(एलोन्ज़ो सो जाता है। एरियल का प्रस्थान)

सैबैस्टियन : कैसी छाई है विचित्र विश्रान्ति उतरकर
सहसा इन पर।

एण्टोनियो : यह प्रभाव है यहाँ प्रकृति का,
है जलवायु यहाँ का ऐसा!

सैबैस्टियन : क्यों न किन्तु फिर हम दोनों की पलकें झपतीं?
नहीं आ रही नींद मुझे तो!

एण्टोनियो : नहीं मुझे भी। मैं तो बड़ी ताज़गी हूँ
महसूस कर रहा।
यह तो सब हैं लेट गए ऐसे मिलकर ज्यों

सबकी यही हो गई सम्मति।

ऐसे गिरे कि जैसे इन पर गाज गिर गई
क्या कारण है? क्या कारण है!
ओ समर्थ! हे वीर! बात क्या है ऐसी यह!
सैबैस्टियन! योग्य! छोड़ो भी! नहीं, नहीं

रहने दो, छोड़ो!

फिर भी लगता है कि मुझे वह कारण दिखता
दिखता चेहरे में, रहने दो! सत्य तुम्हारे!
क्या होगे तुम! क्या होना है तुमको आखिर!
बोल रहा है अवसर—तुम...बस...तुम...औ'
मेरी दृढ़ कल्पना रही है देख जागती
उतर रहा है राजमुकुट, हाँ, वही तुम्हारे...

उन्नत शिर पर...

सैबैस्टियन	:	क्या? क्या तुम जाग्रत हो? या हो सुप्त...कहो तो!
एण्टोनियो	:	क्या सुनते तुम नहीं, बोलता हूँ जो तुमसे?
सैबैस्टियन	:	सुनता हूँ, निश्चय है यह निद्रा-आलापन,
		बोल रहे हो तुम सोते में, क्या कहते थे?
		यह अद्भुत विश्राम प्राप्ति का साधन देखा,
		पूरी तरह खुली हैं आँखें पर सोते हो,
		खड़े, बोलते, चलते फिर भी नींद घनी है!
एण्टोनियो	:	सैबैस्टियन श्रेष्ठ! तुम निज भाग्य प्रबल को
		छोड़ रहे हो सोने को ही—मर जाने को।
		क्या जगते में तुम हो अपनी पलक झपकते?
सैबैस्टियन	:	खुर्राटे भरते हो तुम मैं साफ़ सुन रहा,
		अरे तुम्हारे खुर्राटों में भी मतलब है।
एण्टोनियो	:	मैं अपने स्वभाव से भी गम्भीर अधिक हूँ।
		यदि देते हो ध्यान बात पर मेरी तो तुम
		भी गम्भीर बनो मुझसे ही, यदि मानोगे
		'तिगुने' हो जाओगे 'अब' से

सैबैस्टियन   : मैं हूँ स्थिर जल...

एण्टोनियो   : तुम्हें प्रवाहित होना अब मैं ही सिखाऊँगा।

सैबैस्टियन   : यही करो तुम! अरे आनुवंशिक आलस है
मुझे सिखाता, रहो उतरते शिथिल ज्वार से।

एण्टोनियो   : आह! जानते यदि तुम स्वयं महत्त्वाकांक्षा अपनी
जिसका हो उपहास कर रहे!
उसे नग्न कर दो, पाओगे फल तुम द्विगुणित!
शिथिल मनुज, सच, बहुधा तल में डूबा करते
अपने ही भय या अलसाहट के कारण ही।

सैबैस्टियन   : कहो, प्रार्थना करता हूँ मैं और कहो तुम।
यह गम्भीर नयन यह दृढ़ कपोल, मैं देख रहा हूँ,
करते हैं घोषणा तुम्हारे, कुछ उनमें घुटता रहस्य है।
नए जन्म के लिए विकल ज्यों गर्भभार में पीड़ा होती।

एण्टोनियो   : यह जो मन्दबुद्धि सोया है,
मृत्यु छीन लेगी इसके सारे विवेक को,
यही कह रहा बार-बार है, मानो प्रोत्साहन की है
साक्षात् आत्मा,
इसके सिवाय काम ही उसको नहीं एक भी,
—क्या—कि अभी जीवित है नृप का पुत्र, भला क्या
सम्भव हो सकता है यह भी?
यदि वह डूबा नहीं सिन्धु में, तो फिर समझो
यह जो सोता यहाँ तैरता है सोते में।

सैबैस्टियन   : हाँ, मुझको आस नहीं है कि वह न डूबा।

एण्टोनियो   : आस नहीं है, कितनी बड़ी आस है इसमें
आस नहीं है, अरे दूसरे पथ में कितनी
बड़ी आस है जिसको स्वयं महत्त्वाकांक्षा
आँक न सकती!
केवल इस अन्वेषण पर संशय कर सकती।
क्या तुम भी स्वीकार करोगे मुझ जैसे ही

फ़र्डिनैण्ड है डूब गया सागर लहरों में ?

सैबैस्टियन : चला गया वह।

एण्टोनियो : तब बतलाओ मुझे कौन है वारिस अब
नेपिल्स राज्य का ?

सैबैस्टियन : क्लैरीबल है।

एण्टोनियो : वह जो है रानी ट्यूनिस की ?
जो रहती है दूर, दूर इतनी इटली से ?
जान सकेगी क्या बोलो नेपिल्स देश की
क्या सूरज ही उसका होगा हरकारा भी ?
बीत जाएँगे कितने ही अगणित पक्ष तब कहीं
जान सकेगी !

तब तक तो दुधमुँहे ठोड़ियों पर अपनी, हाँ,
चला उस्तरे होंगे दृढ़ कठोर, क्या जाने !
क्लैरीबल ! जिसके घर से आते में ही तो
निगल सिन्धु ने लिया हमें, बच गए भाग्य से,
क्यों आखिर ! केवल इस कारण—
अब तक का सब बना भूमिका मात्र नए अब आने वाले
भव्य कर्म का।
जो होना है वह मेरे ही और तुम्हारे ही हाथों से
पूरा होगा।

सैबैस्टियन : क्या कहते हो ! अरे बात क्या ?
यह है सत्य कि भाई की पुत्री ही ट्यूनिस
की रानी है, वारिस है नेपिल्स राज्य की,
यह ज़रूर है, इन दोनों के बीच फ़ासला है तो काफ़ी !

एण्टोनियो : यह फ़ासला कि जिसका अंगुल-अंगुल चिल्लाता
लगता है—
'कैसे क्लैरीबल नेपिल्स भूमि पहुँचेगी ?
और रहेगी ट्यूनिस में वह !
सैबैस्टियन ! जाग उठ अब भी !'

कहो, मृत्यु ने घेर लिया है उन्हें, भेद देखो तो

अब ही क्या है, अब ही कौन भले हैं,

क्या ज़्यादा हैं?

शासन करे वही नेपिल्स देश पर औ' यों

सो जाए ऐसी निद्रा में!

व्यर्थ बहुत बक-बक करते जो गोन्ज़ालो से लार्ड लोग हैं,

ऐसे कई डोम कौवे कर्कश स्वर वाले स्वयं बना सकता हूँ

मैं ही! काश समझते तुम जो सोच रहा मैं,

नींद नहीं है यह साधारण सब पर छाई हमीं रह गए?

उन्नति का पथ है यह देखो वीर तुम्हारा?

समझ रहे हो?

सैबैस्टियन : लगता तो है!

एण्टोनियो : कैसे होता है सन्तोष तुम्हारे भाग्योदय को!

सैबैस्टियन : मुझे याद है तुमने अपने भाई को था स्वयं उखाड़ा,
प्रौस्पैरो को!

एण्टोनियो : बिल्कुल! देखो! यह फबता है
वेश मुझे कितना अपना-सा!
पहले से कितना अच्छा, मेरे कितने

अनुरूप बना है।

मेरे भाई के सेवक जो पहले केवल साथी से थे

अब वे सब मेरे नौकर हैं!

सैबैस्टियन : अन्तरात्मा क्या कहती है किन्तु तुम्हारी!

एण्टोनियो : अरे क्या कहा? वह है कौन! कहाँ रहती है?
होती यदि वह एक बिवाई जूते छोड़ पहनता चप्पल,
पर यह देवी नहीं वक्ष में है मेरे यह तो निश्चित है।
मिलैन और मेरे—दोनों के बीच खड़ी हों
बीस अन्तरात्माएँ मधु से सिक्त सुहानी,
गल जाएँगी किन्तु नहीं देंगी वे पीड़ा।
यह है भाई यहाँ तुम्हारा सोता है धरती पर देखो,

जिस धरती पर सोया उससे कहाँ श्रेष्ठ है?

कहाँ भला है इस माटी से!

जैसा अब है यदि यह ऐसा ही रह जाए, तो यह मृत है,

मैं यह लौह फलक दो अंगुल गाड़ूँ इसमें

आज्ञापालक लौह फ़लक यह और

सदा के लिए सुला दूँ इसको यों ही।

और स्वयं तुम यह जो बड़ा दूरदर्शी बन

सोया है, इसको समाप्त कर डालो क्षण में,

यह तब बाधा बन न सकेगा अपने पथ में।

बाकी जो हैं, मानेंगे चुपचाप झुका सिर

बिल्ली से लपलप चाटेंगे दूध दीनतम!

इनसे दिन में रात कहा लो, गिनवा लो

नक्षत्र धूप में।

सैबैस्टियन	:	हे प्रिय मित्र! तुम्हारा जीवन

बने प्रदर्शन मेरे पथ का,

मिलैन लिया था तुमने जैसा

मैं नेपिल्स उसी विधि लूँगा।

एक बार कर देगा अब तुमको स्वतन्त्र सच

उस ख़िराज के कठिन बोझ से

जो तुमको देना पड़ता है,

मैं सम्राट् करूँगा तुमसे स्नेह अपरिमित!

एण्टोनियो   :   खींचो आओ खड्ग साथ ही,

मैं जब करूँ प्रहार, संग ही गोन्ज़ालो पर

करना तुम आक्रमण, मारना।

सैबैस्टियन   :   एक बात तो सुनो।

(दोनों अलग बातें करते हैं। एरियल का प्रवेश : अदृश्य है।)

एरियल   :   देख चुके हैं मेरे स्वामी! पहले ही से

सिद्धशक्ति के माध्यम से यह सारा खतरा

जिसमें हो तुम मित्र! इसी से स्वामी ने ही
भेजा मुझको क्योंकि अन्यथा
हो जाता है नष्ट सकल आयोजन उनका।
आया हूँ मैं तभी तुम्हारे प्राण बचाने।
(गोन्ज़ालो के कान में गाता है।)

नींद में तुम सो रहे सब भूलकर
और हैं षड्यन्त्र आते हूलकर
शक्ति हैं अपनी बढ़ाते वेग से!
मोह जीवन से तुम्हें यदि है सुजन,
नींद छोड़ो! जाग, खोलो अब नयन!
जग उठो! आलस्य कर दो शेष-से!

एण्टोनियो   : आओ दोनों करें शीघ्रता एक साथ ही!

गोन्ज़ालो   : श्रेष्ठ देवदूतो! राजा की रक्षा करना!

(वे जाग जाते हैं।)

एलोन्ज़ो   : अरे क्या हुआ! हुआ जागरण!
खड्ग खींच रखे क्यों तुमने?
क्यों इतने वीभत्स कठोर दीखते हो तुम!

गोन्ज़ालो   : अरे क्या हुआ?

सैबैस्टियन   : पहरा देते थे हम खड़े हुए जब दोनों,
आप सो रहे थे, कि अचानक
सुना कहीं डकराएँ हों जैसे बिजार या
गरजे नाहर! क्या न उसी ने
जगा दिया आपको! भयानक
भीषण ध्वनि थी फाड़ गई जो
मेरे कानों के पर्दों को।

एलोन्ज़ो   : मैंने नहीं सुनी कोई ध्वनि!

एण्टोनियो   : कैसा क्रूर शब्द था सुनकर दैत्य काँपते!
ज्वालामुखी विस्फोट नाद या भूमिकम्प का

था गर्जन वह,
जैसे भीड़ क्रूर सिंहों की एक साथ करती थी गर्जन!

एलोन्ज़ो : गोन्ज़ालो! क्या तुमने ऐसा शब्द सुना था?

गोन्ज़ालो : शपथ! नहीं प्रभु! सुना न मैंने,
केवल हुई कान पर मर्मर ध्वनि धीरे से
अति विचित्र थी और उसी ने मुझे जगाया।
हे श्रीमन्त! तुरन्त आपको तभी जगाया औ' चिल्लाया,
खुली आँख तो देखे इनके खड्ग खिंचे थे,
अच्छा हो अपनी रक्षा अब स्वयं करें या
शीघ्र स्थान यह छोड़ें, अपना खड्ग उठा लें।
आएँ, हम तलवार खींच लें!

एलोन्ज़ो : पन्थ दिखाओ! पूरी तरह ढूँढ ले अपने
राजपुत्र को!

गोन्ज़ालो : ईश्वर उन्हें दूर ही रखे हिंस्र जन्तुओं से, निश्चय ही
पुत्र आपका यहीं मिलेगा।

एलोन्ज़ो : मार्ग दिखाओ।

एरियल : स्वामी प्रौस्पैरो जानेंगे। किया काम है मैंने सारा!
जाओ हे नृप धीरे-धीरे पुत्र खोजने।

(सबका प्रस्थान)

दृश्य 2

(कैलीबन का लकड़ी के गट्ठर के साथ प्रवेश : बिजली
कड़कने का शब्द सुनाई देता है।)

कैलीबन : गिरें प्रौस्पैरो पर सारे रोग अपावन
जो कि सूर्य दलदल, गड्ढों के गन्दे जल से
शोषण करता,
अंग-अंग उसका सड़ जाए!
सुनते उसके प्रेत किन्तु मैं फिर भी उसको
शाप निरत दूँ!

अरे प्रेत वे नोचेंगे, मुझको डराएँगे
अपनी भीषणता दिखलाकर कीचड़ में मुझको डालेंगे!
जब तक वह आज्ञा देगा न उन्हें तब तक वे
अन्धकार से दिखा मशाल न, मुझे वहाँ से
कभी निकालेंगे, छोटी-छोटी बातों पर

मुझ पर लगा दिए जाते हैं।

कभी काटते खींस दिखाते वन मानुस बन
और गड़ाते दाँत तेज़ मेरे तन पर हैं!
सेही बनकर टकराते हैं
मेरे नंगे पाँवों से ठोकर लगती है
और छोड़ जाते हैं काँटे अपने लम्बे
मेरे नंगे पाँवों में जाँघों तक चढ़ते-चढ़ते।
कभी साँप से अपनी दो जिह्वाएँ खूनी
खूब लपलपा घायल करते मुझको रह-रह काट-काटकर
और फुसफुसाकर मेरे कानों पर मुझको

वे पागल-सा कर देते हैं!

(ट्रिंक्यूलो का प्रवेश)

यह तो देखो। उसका ही है प्रेत आ रहा।
ईंधन धीरे ले जाता हूँ मैं, इस ही से
भेजा है उसने यह अपना नौकर मुझको

यहाँ सताने।

गिर जाता हूँ मैं धरती पर चित होकर अब,
शायद निकल जाए वह मुझको

देखे बिन ही!

ट्रिंक्यूलो   : झाड़ी झंखड़ कुछ न यहाँ है जो कि प्रकृति से

बचा सकेगा,

और नया तूफ़ान घुमड़ता है अब कैसा!
सनसन सन हो रही हवा पर डरावने की!
कैसा काला बादल कितनी भीमाकृति है,

चमड़े का विशाल है काले थैले जैसा
जिसमें से झर-झर शराब फैलेगी बाहर!
यदि पहले की भाँति बिजलियाँ फिर टूटेंगी,
पता नहीं सिर कहाँ छिपा पाऊँगा अपना,
यह बादल क्या बिना यहाँ बरसे जाएगा?
अरे बाल्टी पर बाल्टी भरकर डालेगा
मूसलाधार गिरेगा ऐसा।
यह क्या है जी! है मनुष्य? या कोई मछली!
जीवित या मृत! मछली है, इसमें बू तो है मछली जैसी!
बहुत पुरानी मछली की-सी है सड़ाँध यह!
कौड मत्स्य-सी तो यह लगती नहीं तनिक भी!
यह विचित्र मछली है।
होता यदि इंग्लैण्ड देश में, मैं पहले-सा,
रँगवा लेता इस मछली को!
देता हाँ प्रत्येक मूर्ख चाँदी का सिक्का!
अरे दैत्य वह मुझे बड़ा आदमी बनाता
कोई भी विचित्र-सा लगता जन्तु वहाँ पर
                    बना किसी को भी सकता है।
देंगे नहीं एक दमड़ी भी कभी किसी
                    लँगड़े भिक्षुक को,
दस उगलेंगे तुरन्त देखने को वे ही झट
किसी इण्डियन के शव को जाकर तकने को!
पाँव! पाँव तो हैं मनुष्य से!
सुफने हैं बाहों जैसी ही!
पर यह क्या है? यह कैसे हो सकता है सच!
मुझे बदलनी होगी अपनी राय, नहीं टिक सकता उस पर,
यह मछली है नहीं, द्वीपवासी है कोई,
जिस पर है पड़ चुकी ज़ोर से बिजली नभ से!

(वज्र की कड़क)

उफ़! फिर से तूफ़ान गरजता ये आता है,
इसके ऊनी वस्त्रों में ही मैं छिप जाऊँ!
और नहीं है कोई भी स्थल, शरण ले सकूँ!
दुःख मनुष्य को बड़े अजीब साथियों से भी

मिलवाता है।

ओढ़ कफ़न-सा बैठूँ जब तक
तूफ़ानों की विभीषिका आगे वह जाए।
(स्टीफैनो का प्रवेश। वह गा रहा है, हाथ में शराब
की बोतल है।)

(गीत)

स्टीफैनो   : कभी अब न जाऊँगा मैं सागर में फिर से
अरे मरूँगा यहीं तीर पर...
अरे मौत पर गाने लायक रही तर्ज़ यह
मरने दो, मेरी तो मौज हाथ है मेरे!
(पीता है। फिर गाता है।)

(गीत)

मालिश, फरॉश औ' टिंडाल और मैं,
तोपची औ' साथी उसका, सबने एक साथ—
मौल से दुलार किया, मेग, मेरियन से संग
मार्जरी से लड़ाया इश्क़ एक साथ
केट से तो काटी कन्नी, उसकी थी ज़बान बिच्छू,
खोंखिया के टूटती थी देखकर मल्लाह!
कुछ भी नहीं आता उसे, सूँघती न कालिख को
देखती अँधेरा नहीं, चाहती मल्लाह—
पर होती थी जहाँ खुजली
दर्जी की वहाँ उँगली
चलती थी, वो चलवाती!
मरने दो उसे मारो!
अरे उसको गोली मारो!

हिम्मत न ज़रा हारो!
चलो चलें साथ-साथ, सागर की ओर चलें।
लहरों में गाएँ हम झूमते मल्लाह!
है मनहूस तर्ज़ पर यह भी। फिर मरने दो,
मेरा तो आराम साथ है—

(पीता है।)

कैलीबन : मुझे यातना मत दो ऐसी! आह! छोड़ दो!

स्टीफैनो : और बात क्या है? लगता है
यहाँ स्वयं शैतान घूमते?
अरे खेलता चाल मुझी से ज्यों बर्बर या
इण्ड निवासी खेला करते?
मैं जल में जो बचा डूबने से हूँ तो क्या
डर जाऊँगा इन तेरे चारों पैरों से?
अरे कहा है, कभी न जीतेगा, चौपाया
दो पैरों पर चलनेवाले से औ' यह ही
कहा जाएगा, जब तक स्टीफैनो लेता है
साँस नाक से?

कैलीबन : मुझे यातना देता है यह प्रेत हाय रे!

स्टीफैनो : यह है कोई चार पैर का दैत्य द्वीप का,
जिसे स्यात् चढ़ रहा इस समय ज्वर का कम्पन,
पर शैतान कहाँ से भाषा सीख गया है भला हमारी?
यह पशु यदि चाहे तो मैं इसको दूँगा आराम ज़रा-सा।
अगर कर सकूँ इसे ठीक तो मैं पालूँगा इसे और फिर
ले जाऊँगा संग देख नेपिल्स, जहाँ यह,
गाय बैल के चमड़े पर चलने वाले पग धरने वाले
अरे किसी सम्राट वीर के सम्मुख ले जा,
भेंट चढ़ाने के लायक़ है!

कैलीबन : मुझे सताओ नहीं, शीघ्र ही चलता हूँ मैं
ईंधन लेकर।

स्टीफैनो : बर्राता है, अभी होश है इसे न पूरा।

ज़रा पिला इसको शराब दूँ इस बोतल से!

अगर न पी होगी पहले तो यह जूड़ी झट

हट जाएगी!

इसे ठीक यदि कर पाऊँ मैं, और पाल लूँ,

इससे मैं कुछ अधिक न लूँगा,

उससे लूँगा जो इसको मुझसे ले लेगा,

पूरी रक़म बनेगी भारी!

कैलीबन : अभी सताता नहीं मुझे तू, पर जल्दी ही

अब दुःख देगा, लगा काँपने! अब! प्रौस्पैरो

तुझ पर जादू अपना कसने लगा वहीं से।

स्टीफैनो : चारों पाँवों पर चलकर आ। और खोल मुँह,

यह है ऐसी चीज़ तुझे जो भाषा देगी।

ओ बिलाव[1]! मुँह खोल! कम्प भी तेरा इससे

हो जाएगा दूर, सुना क्या कहता हूँ मैं?

तुझे क्या खबर कौन मीत है तेरा, क्या है,

खोल-खोल फिर दाढ़ें अपनी!

ट्रिंक्यूलो : यह स्वर तो पहचाना-सा है। क्या यह वह है—

पर वह तो डूबा सागर में,

यह सब हैं शैतान! हाय भगवान! बचाओ!

स्टीफैनो : चार पाँव हैं, दो स्वर इसके! बड़े ज़ोर का है यह दाना!

आगे की आवाज़ मित्र के गुण गाती है,

पीछे की आवाज़ गालियाँ देती जाती!

मेरी बोतल की शराब सारी गर इसके ज्वर को हर दे,

इसे पिला दूँ।

आ! आमीन्! ज़रा-सी पी ले तू शराब अब

अपने पीछे के मुँह से भी!

---

1. अंग्रेज़ी में कहावत है कि अच्छी शराब बिल्ली को भी बुलवा देती है।

ट्रिंक्यूलो   : स्टीफैनो!

स्टीफैनो   : अच्छा तेरा पीछे का मुँह बुला रहा है मुझे नाम ले!
दया! दया! भगवान! दैत्य यह नहीं, स्वयं शैतान
आ गया!
मैं छोड़ूँ इसको, इतना लम्बा चम्मच तो!
है ही नहीं पास में मेरे!

ट्रिंक्यूलो   : स्टीफैनो! यह तुम हो सचमुच स्टीफैनो ही!
मुझे छुओ, कुछ बात करो मुझसे। देखो मैं हूँ ट्रिंक्यूलो!
डरो नहीं, मैं हूँ, हूँ मित्र तुम्हारा, हूँ वह ही ट्रिंक्यूलो!

स्टीफैनो   : यदि तुम हो ट्रिंक्यूलो, आओ!
पाँव तुम्हारे दुबले पकड़ खींचकर जाँचूँ!
अगर पाँव हैं ट्रिंक्यूलो के!
ठीक, ठीक, हैं वही, अरे तुम सचमुच ही
तुम ट्रिंक्यूलो हो!
अरे फँस गए कैसे घेरे में तुम बोलो
इस मूरख के?
क्या यह ट्रिंक्यूलो को भी
भला डाल सकता चक्कर में?

ट्रिंक्यूलो   : मैं समझा था इस पर बिजली है पड़ चुकी,
मरेगा जल्दी।
पर स्टीफैनो! तुम डूबे हो नहीं? मुझे भी अब
लगता है
तुम डूबे हो नहीं! बताओ—
निकल गया तूफ़ान? छिप गया मैं जल्दी
इस मुर्दे मूरख के ऊनी वस्त्र ओढ़कर,
डरकर उस तूफ़ान प्रबल से।
स्टीफैनो! तो तुम ज़िन्दा हो! ओ स्टीफैनो!
दो नेपिल्स नगर के वासी बच निकले हैं!

स्टीफैनो   : अरे रुको! मत मुझे घुमाओ ऐसे, मेरा

पेट नहीं है ठीक समझ लो!

कैलीबन : *(स्वगत)* अच्छे हैं यह लोग, अगर यह प्रेत नहीं हैं,
यह है वीर देवता कोई, इसके कर में
कोई दैवीद्रव भी है, मैं इसकी झुककर

करूँ वन्दना!

स्टीफैनो : कैसे तुम बच गए? यहाँ कैसे आ पहुँचे।
खाओ क़सम इसी बोतल की यह बतलाओ!

कैसे आए!

मैं तो चढ़ा एक पीपे पर, जिसको मल्लाहों ने मेरी
इस बोतल की बड़ी दया से आगे ठेला!
उसे बनाया था मैंने अपने ही हाथों से लेकर

काठ, उसी ने मुझे तीर पर ला पहुँचाया।

कैलीबन : क़सम! क़सम है इस बोतल की! यह द्रव है
दैवी! मैं अब से दास बनूँगा वीर! तुम्हारा।

स्टीफैनो : क़सम खाओ बतलाओ तुम कैसे बच निकले?

ट्रिंक्यूलो : बच निकला मैं तैर बतख़ की तरह,
बतख़ की तरह तैरना मुझको आता,

क़सम तुम्हारी!

स्टीफैनो : क़सम खाओ! सच नहीं बतख-से
तुम सकते हो तैर, मगर है अक्ल तुम्हारी
नहीं बतख़ से कम! यह सच है।

ट्रिंक्यूलो : ओ स्टीफैनो! बस यह ही है बाकी या है अभी

और भी!

स्टीफैनो : पीपा भरकर और धरी है अभी। वहाँ
सागर तट पर चट्टान एक है
उसमें मेरी गुहा है न वह? वहीं धरी है।
उसमें ही शराब वह मेरी छिपी धरी है।
अरे मूर्ख! अब कैसा है तेरा बुखार कह!

कैलीबन : क्या तुम नहीं स्वर्ग से उतरे?

स्टीफैनो : चन्दा[1] से बे! कर यक़ीन तू! एक वक्त था
जब मैं था चन्दा में रहनेवाला भी!

कैलीबन : मैंने तुम्हें वहाँ देखा था। बहुत मुझे भाते हो तुम सच!
मुझे मालकिन ने मेरी दिखलाया तुमको,
तुमको, और तुम्हारा कुत्ता, और तुम्हारी
झाड़ी भी मुझको दिखलाई।

स्टीफैनो : आ ले खाकर क़सम चूम ले इस बोतल को
जो पुस्तक जैसी पवित्र है।
अभी नए विषयों से मैं इसको भर दूँगा।
फिर से जल्दी! अरे क़सम खा!

ट्रिंक्यूलो : इस प्रकाश की क़सम! बड़ा डरपोक दैत्य है!
मुझको इससे डर लगता था! यह तो बड़ा पोच है
खुद ही।
चन्दा में से आया मानव! बड़ी अजीब बात पर भी
विश्वास दैत्य यह कर लेता है!
क्या अजीब है!

कैलीबन : मैं तुमको इस मधुर द्वीप की अंगुल-अंगुल
उपजाऊ धरती दिखलाकर
चरण तुम्हारे झुक चूमूँगा।
तुम मेरे देवता बनो सच!

ट्रिंक्यूलो : क़सम उजाले की यह दैत्य बड़ा ही
कपटी है, इस समय नशे में बोल रहा है,
जब देवता सोएगा इसका,
यह इसकी बोतल पर ही डाका डालेगा।

कैलीबन : चरण तुम्हारे मैं चूमूँगा।
करता हूँ मैं आज प्रतिज्ञा।

---

1. चाँद का आदमी मूर्ख माना जाता है।

बन जाऊँगा दास तुम्हारा।

स्टीफैनो : अच्छा तो झुक जा, 'औ' मेरा पाँव चूम ले।

ट्रिंक्यूलो : अरे मरूँगा हँसते-हँसते स्टीफैनो! मैं देख-देखकर
इस पिल्ले जैसे सिर वाले दाने को।
अरे बड़ा कुत्सित दानव है!
मन में आता है इसकी मैं करूँ ठुकाई...

स्टीफैनो : आ चुम्बन ले!

ट्रिंक्यूलो : पर यह दाना बड़े नशे में है! जघन्य यह!

कैलीबन : तुमको मैं अति सुन्दर निर्झर दिखलाऊँगा,
फल लाऊँगा तोड़-तोड़कर तुम्हें खिलाने,
मछली पकड़ूँगा मैं, ईंधन भी लाऊँगा,
पर उस अत्याचारी पर अब गिरे गाज ही,
जिसने तुझको दास बनाया!
अब मैं उसकी नहीं करूँगा और चाकरी,
ढोऊँगा उसके हित मैं लकड़ियाँ नहीं अब,
अरे तुम्हारे पीछे ही मैं सदा चलूँगा
तुम अद्भुत मनुष्य हो निश्चय!

ट्रिंक्यूलो : कैसा उपहासास्पद है यह दैत्य कि इसने एक बिचारे
नशेबाज़ को बना दिया है इतना अद्भुत!

कैलीबन : जहाँ जंगली सेब उगे हैं, वहाँ ले चलूँगा मैं तुमको,
कन्द खोद अपने लम्बे नाखूनों से मैं
तुम्हें खिलाऊँगा जो तुम्हें बहुत भाएँगे।
नीलकण्ठ का तुम्हें घोंसला दिखलाऊँगा,
छोटी गाझिन पूँछ के चंचल बन्दर को भी
कैसे पकड़ोगे यह भी मैं सिखलाऊँगा,
हेज़ल[1] के झुरमुट में तुमको ले जाऊँगा,
स्कैमिल पक्षी के चूज़ों को चट्टानों से

---

1. वृक्ष विशेष—जैतून जैसा।

कभी-कभी मैं लाकर दूँगा तुमको बोलो!

मेरे साथ चलोगे क्या तुम ?

स्टीफैनो : तू पथ दिखला बात न कर अब।

ट्रिंक्यूलो! सम्राट् और सब साथी डूबे,

लो हम वापिस वन जाते हैं।

यह लो मेरी बोतल थामो! अरे ट्रिंक्यूलो!

रफ्ता-रफ्ता हम सब कुछ देखेंगे उसको।

कैलीबन : *(नशे में गाता है।)*

विदा स्वामी! विदा स्वामी!

विदा विदा!

ट्रिंक्यूलो : दैत्य नशे में है, गुर्राता-सा

रोता है।

कैलीबन : *(गीत)*

अब न मछलियाँ घेरूँगा मैं तेरे हित हाँ,

अब न लकड़ियाँ लाऊँगा मैं यों मर-मर हाँ,

अब न नालियाँ खोदूँगा मैं यों झुक-झुककर,

अब न थालियाँ धोऊँगा मैं भींग-भींगकर,

'बैन' बैन कै-कैलीबन को नया मिला है स्वामी!

हे हो नया मिला है स्वामी!

स्वतन्त्रता हे स्वतन्त्रता हे जय स्वतन्त्रता स्वामी!

हे हो स्वतन्त्रता यह स्वामी!

विदा स्वामी! विदा स्वामी,

विदा, विदा!

स्टीफैनो : ओ, शाबाश दैत्य! पथ दिखला।

(सबका प्रस्थान)

तीसरा अंक

दृश्य 1

(प्रौस्पैरो की गुफा के सामने)
(एक लक्कड़ लिये फर्डिनैण्ड का प्रवेश)

फर्डिनैण्ड : कुछ श्रम होते हैं दुखदायक फिर भी उनका
स्वेद हृदय को सुख देता है। कोई-कोई
दीन नीचता भी उदात्त मन से सँभालनी ही पड़ती है।
निपट तुच्छता से भी तो समृद्धि मिलती है।
यह मेरा निकृष्ट श्रम जो है घृणित बड़ा ही
कितना हल्का लगता जब मैं तुलना करता
उस सुन्दरी की इससे, कितना सुख पाता हूँ।
मेरा श्रम आनन्द निरत बनता जाता है।
अपने निठुर पिता की तुलना में वह कितनी
कोमल है दसगुना, अहह! वह तो कठोर है।
यह हैं कुछ हज़ार लक्कड़ जो मुझे हटाने
और ढेर इनका मुझको है इधर लगाना,
यह है कठिन क्लेशप्रद आज्ञा।
मेरी सुन्दरी स्वामिनी है वह, रोती है जब
मुझे देखती यों श्रम करते, औ' कहती है
ऐसा अत्याचार कभी न निहारा उसने!

अरे गया मैं भूल; आह यह मधुर चिन्तना
मुझमें कितनी भरे दे रही नई ताज़गी
काम करूँ मैं!

**(मिरैण्डा का प्रवेश। कुछ दूर पर प्रौस्पैरो का प्रवेश,
वह नहीं दीख रहा है।)**

मिरैण्डा : आह विनय करती हूँ तुमसे
इतना श्रम मत करो, काश मैं बिजली होती
टूट पड़ी होती इन क्रूर लक्कड़ों पर औ'
भस्मसात कर देती इनको, तुम्हें उठाना
जिन्हें पड़ रहा! अब रहने दो!
रुक जाओ, आओ विश्राम तनिक तो कर लो!
अरे जलेंगे जब यह लक्कड़ तब रोएँगे
सोच कि कितना कष्ट इन्होंने तुम्हें दिया था।
मेरे पिता अध्ययन में डूबे हैं, आओ
कुछ कर लो विश्राम! बैठ लो।
इधर तीन घण्टे तक वे न यहाँ आएँगे।

फ़र्डिनैण्ड : आह सुन्दरी! मेरी प्रेयसि!
सूर्य्य अस्त होने तक मुझको यह सारा ही
कार्य्य समाप्त आज करना है।

मिरैण्डा : तो तुम बैठो, मैं कुछ देर इन्हें ढोऊँगी,
मुझको दो, विनती करती हूँ, मैं ही इसको
ढेरी तक लेकर जाऊँगी।

फ़र्डिनैण्ड : नहीं! अरी बहुमूल्य रत्न! यह कैसे होगा!
भले तोड़ लूँ मैं अपनी हड्डी-हड्डी को
किन्तु तुम्हें ऐसा अपमान उठाने को मैं
काहिल बैठा हुआ, न किन्तु कभी भी
छोड़ सकूँगा।

मिरैण्डा : जैसे तुमको ठीक लग रहा कार्य नीच यह
वैसे ही क्या मुझे न अच्छा लग सकता है?

और करूँगी मैं तो इसको सहज-सहज ही,
मेरी इच्छा तो है इसको कर देने की,
और तुम्हारी तो विरुद्ध है!

प्रौस्पैरो : ऐसी देखभाल! करती है प्रकट स्पष्ट ही,
अरी लाड़ली पर तो हो चुका असर है!

मिरैण्डा : कितने थके हुए दिखते हो!

फर्डिनैण्ड : हे कुलीन सुन्दरी! नहीं, सच
रात्रिकाल में भी यदि मेरे पास रहो तुम
मुझे भोर-सी ही दीखेगी।
अपनी दैनिक प्रार्थना में मैं जोड़ सकूँगा
मैं मंगल कामना तुम्हारी किया करूँगा
यदि तुम अपना नाम मधुर बतला दो मुझको!

मिरैण्डा : नाम मिरैण्डा है मेरा! उफ़! यह कहकर तो
मैंने आज्ञा लाँघी अपने पूज्य पिता की!

फर्डिनैण्ड : हे अनिंद्य सुन्दरी मिरैण्डा!
तुम हो स्तुत्य! प्रशंसनीय हो, चूड़ामणि हो!
तुम जग की सबसे बहुमूल्य वस्तु हो प्रेयसि!
मैंने कई स्त्रियों को आदर से देखा है,
कई बार उनके मीठे बोलों को सुनकर
मैंने अपने कान किए उनकी सेवा में,
कई गुणों के लिए अनेकों स्त्रियाँ मुझे हैं
भायीं, लेकिन उनमें कोई दोष संग में
मिलते थे जो उनके गौरव का आहत कर
अन्त विफलता दिखलाता था, किन्तु तुम
पूर्ण और हो अनुपमेय! इस सकल विश्व में
सबके सर्वश्रेष्ठ को लेकर रची गई हो!

मिरैण्डा : नहीं जानती किसी एक भी स्त्री को मैं तो,
मुझे नहीं नारी का कोई बदन याद है,
केवल देखा है अपना ही बस दर्पण में।

और न देखे पुरुष तुम्हारे सिवा जगत् में।
मीत! और हैं पिता, यही दो देखे मैंने।
कैसी हैं असंख्य आकृतियाँ मैं क्या जानूँ?
पर अपनी लज्जा की तुमको शपथ सुनाऊँ
मैं दहेज का हीरा अपना सकल जगत् में
तुम जैसे साथी के सच अतिरिक्त न पाऊँ
नहीं कल्पना किसी रूप को गढ़ पाती है
तुम्हें छोड़कर मिलती जुलती। पर मैं तात यह
बच्चों-सर प्रलाप करती हूँ? इतना ज्यादा,
आज्ञा मैं तो भूल गई हूँ, हाय पिता की!

फर्डिनैण्ड : मैं हूँ राजकुमार एक, सुन्दरी मिरैण्डा!
अब शायद सम्राट्! काम यह कभी न करता,
अरे काठ ढोने की यह दासता न सहता
जैसे गन्दी मक्खी नहीं बैठने देता अपने मुख पर,
ओ मेरी आत्मा सुन! तुम्हें निहारा ज्यों ही!
तुरत तुम्हारी सेवा को उड़ गया हृदय यह,
यह मन रहता है तुममें है जिसने मुझको
दास बनाया, और तुम्हारे लिए बना हूँ
लक्कड़ ढोनेवाला मैं अति धीर मनस से।

मिरैण्डा : क्या तुम मुझे प्यार करते हो?
फर्डिनैण्ड : ओ आकाश! अरी ओ धरती, साक्षी होना
मेरे शब्दों के औ' आशीष देना इसे कि जो मैं
                                कहता हूँ अब,
यदि कहता हूँ सत्य! विकृति भीतर की मेरी
उलट जाए हो अधोमुखी, इस जग में जो है
उस सबकी सीमा से आगे,
तुम्हें प्यार करता हूँ केवल, मूल्य तुम्हारा
सबसे ऊपर रखता हूँ, सम्मान तुम्हारा
मैं सबसे ज्यादा करता हूँ।

मिरैण्डा : मैं हूँ कैसी मूर्ख कि रोती हूँ उस पर भी
जिस पर मुझे अभूत हर्ष से भर जाना था।

प्रौस्पैरो : मधुर मिलन है, जो नितान्त प्रेमी हृदयों का
निपट अकृत्रिम!
ईश्वर इन पर सुख बरसाए और बढ़ाए
उसके जो इन दोनों के मन में पलता है।

फर्डिनैण्ड : क्यों रोती हो?

मिरैण्डा : अपनी अयोग्यता पर, सचमुच
जो देना चाहती तुम्हें कब दे पाती हूँ?
जिसे प्राप्त करने में मरने को प्रस्तुत हूँ,
वह ही कितना प्राप्त कर सकी?
किन्तु महत्त्व नहीं है इसका,
जितना ही चाहती स्वयं यह छिप जाना है
उतना ही अधिकाधिक दिखता!
ओ लज्जालु चपलते! मुझको और बढ़ा तू
सात्विक हो अबोधता मेरी पूर्ण अनाविल।
यदि तुम मुझसे ब्याह करोगे,
मैं हूँ पत्नी प्राण! तुम्हारी,
और नहीं तो दासी बनकर ही रह लूँगी
यदि न संग मेरा पसन्द आएगा तुमको!
मैं बन जाऊँगी सेविका तुम्हारी
चाहो या चाहो न इसे तुम!

फर्डिनैण्ड : मेरी प्रेयसि! प्राणाधार!
विनत हूँ मैं तो!

मिरैण्डा : तब, तब पति ही होगे मेरे?

फर्डिनैण्ड : पूर्ण तृप्ति से, उस स्वीकृति से
जिससे बन्धन स्वतन्त्रता की करे कामना।
यह लो मेरा हाथ,

मिरैण्डा : और लो यह मेरा तुम।

इसमें मेरा हृदय धरा है।
अब जाती हूँ। आधे घण्टे बाद मिलूँगी।

फर्डिनैण्ड : हों हज़ार अब तब भी क्या है।

(फर्डिनैण्ड और मिरैण्डा का अलग-अलग ओर प्रस्थान)

प्रौस्पैरो : इसकी जो प्रसन्नता इनको, है वह मुझको
कहाँ! अभी तो चकित और भी होंगे ये, पर
मेरी ही प्रसन्नता इससे अधिक कहाँ है?
चलूँ काम पर! मुझे अभी तो,
भोजन की बेला से पहले, इस बारे में
कई काम करने हैं बाकी।

(प्रस्थान)

दृश्य 2

(द्वीप का अन्य भाग)
(कैलीबन, स्टीफैनो और ट्रिंक्यूलो का प्रवेश)

स्टीफैनो : मत कह मुझसे।
जब शराब चुक जाएगी तब ही पानी हम
पी सकते हैं। नहीं एक भी बूँद मगर सच उससे पहले,
अरे दैत्य सेवक! मेरे कहने से पी तू!

ट्रिंक्यूलो : अरे दैत्य सेवक! अरे मूर्खता द्वीप की!
तू कहता है हम कुछ पाँच जीव हैं सारे द्वीप बीच, तो
हम हैं उनमें तीन, अगर बाकी दो के भी
हम जैसे दिमाग़ हैं तब तो
सब कुछ को चौपट ही समझो!

स्टीफैनो : अबे दैत्य सेवक! पी, फिर पी,
तुझे हुक्म देता हूँ मैं जो!
तेरी आँखें तो हैं लगती तेरे सिर में जड़ी हुई-सी?

ट्रिंक्यूलो   : और कहाँ होना था उनको!
              होता यह कमाल का दानव,
              जो होतीं वे जड़ी पूँछ में इसके पीछे!

स्टीफैनो   : अरे जमूड़े-दानव ने मेरे तो अपनी!
              जीभ डुबा ली है शराब में,
              मेरा क्या है, मैं समुद्र में डूब न पाया,
              मैं तैरा, तट आते आते तैरा मैं पैंतीस मील तक,
              क़सम उजाले की, तू होगा मेरा दानव—
              लेफ्टिनेण्ट! या होगा डण्डा,

                        जिसमें मेरा ध्वज फहरेगा!

ट्रिंक्यूलो   : अगर बना लोगे इसको ही लेफ्टिनेण्ट तुम,
              तो यह डण्डा होगा बण्डा।

स्टीफैनो   : सेवक दैत्य! न भागेंगे हम!

ट्रिंक्यूलो   : न हम जाएँगे, पर तू झूठ ज़रूर कहेगा,
              कुत्तों जैसा, और कहेगा कुछ न भुच्च-सा!

स्टीफैनो   : कच्चे-जाये मूर्ख! बोल दे एक बार तो
              तू जीवन में, गर तू है अच्छा-सा कच्चा जाया गन्दे!

कैलीबन   : क्या कहते श्रीमान्! चाटने मुझको दो तुम
              अपने जूते। सच कहता हूँ। उसकी तो मैं
              कभी चाकरी नहीं करूँगा, वीर नहीं वह!

ट्रिंक्यूलो   : चल बे झूँठे! ओ गँवार अनजान दैत्य तू!
              एक सिपाही से भिड़ जाऊँ! दूषित दाने!

                                गन्दी मछली!

              इतनी मदिरा पीनेवाला भला कौन होगा मुझ जैसा
              कोई कायर, जैसे मैंने आज चढ़ाई।
              अबे झूँठ कहता है कैसी बड़ी राक्षसी? है भी तो तू!
              आधी मछली आधा दानव!

कैलीबन   : लो यह मुझे छेड़ता कैसा? मेरे स्वामी!
              क्या तुम इसे इजाज़त दोगे?

स्टीफैनो : अपने सिर में जीभ ज़रा अच्छी रखो तुम,
ट्रिंक्यूलो! गर बाग़ी होगे—तो वह देखो
अगले वाला पेड़ देख लो! लटक जाओगे!
यह बेचारा दैत्य प्रजा है मेरी औ' वह
ऐसी बेइज्ज़ती सहेगा नहीं कभी भी।

कैलीबन : धन्यवाद हे मेरे स्वामी! एक बार फिर
क्या प्रसन्न होगे तुम सुनने को मेरी वह
विनती जो मैंने थी पहले प्रस्तुत की सम्मुख!

स्टीफैनो : क़सम! सुनेंगे। झुक जाओ, फिर से दुहराओ,
मैं होता हूँ खड़ा, खड़ा ट्रिंक्यूलो भी हो।
(एरियल का प्रवेश! अदृश्य)

कैलीबन : जैसा पहले तुमसे मैं कह चुका कि मैं हूँ
एक बड़े अत्याचारी का नौकर वह है
जादूगर, जिसने अपनी चालाकी से ही
द्वीप लिया यह मुझसे छीन बनाकर मुझको
अब ग़ुलाम रखा है अपना।

एरियल : तू झूँठा है।

कैलीबन : तू झूँठा है अरे मसखरे बन्दर! तू झूँठा है तू ही
मेरे स्वामी वीर, करें यदि तेरी हत्या क्या अच्छा हो!
मैं झूँठा हूँ नहीं ज़रा भी!

स्टीफैनो : ट्रिंक्यूलो! वह सुना रहा है कथा हमें ही,
क़सम इसी, यह देख, हाथ की,
अगर परीशाँ किया उसे तूने तो तेरे
दाँत झड़ा दूँगा, हाँ सुन ले।

ट्रिंक्यूलो : मैंने तो कुछ भी न कहा।

स्टीफैनो : तब चुप हो जा! खबरदार बस! हाँ रे तू कह—
जारी रहे बयान सुनेंगे हम अब तेरा!

कैलीबन : मैं कहता हूँ, जादू करके, द्वीप छीनकर उसने मुझसे
राज जमाया! हे महान् तुम! अब बदला लो

उससे मेरा! अरे जानता हूँ तुममें है ऐसा साहस!
पर यह तो है पोच...

स्टीफैनो : अरे ठीक कहता है बिल्कुल!

कैलीबन : तुम ही होगे इसके स्वामी! और करूँगा
सेवा, बन मैं दास तुम्हारा।

स्टीफैनो : कैसे होगा कार्य पूर्ण यह? क्या तू मुझको
वहाँ ले चलेगा फिर उसके!

कैलीबन : हाँ-हाँ स्वामी! मैं तुमको दिखलाऊँगा उसको सोते में।
वहाँ ठोंक देना तुम उसके सिर में कील और फिर
मार डालना।

एरियल : तू झूँठा है, कभी नहीं कर सकता ऐसा!

कैलीबन : रंग-बिरंगे कपड़ों वाला कैसा महामूर्ख है यह! ओ
नीच! नीचतम!

हे महान्! मैं तुमसे करता हूँ यह अनुनय
मारें इसमें घूँसे कसके, छीनें इससे यह बोतल भी,
छिन जाएगी तो यह खारी वारि पिएगा,
नहीं दिखाऊँगा मैं इसको मीठे सोते!

स्टीफैनो : ट्रिंक्यूलो! आगे खतरे की ओर न जाओ!
एक शब्द भी टोका यदि दानव को तुमने
इसी हाथ की क़सम, इसी से
मैं धकेल दूँगा करुणा को बिल्कुल बाहर।
और बना दूँगा मैं तुमको सूखी मछली।

ट्रिंक्यूलो : अरे! किया है मैंने क्या? कुछ तो न कहा है,
चाहो दूर चला जाऊँ मैं।

स्टीफैनो : कहा नहीं था तुमने ही यह झूँठ बोलता!

एरियल : झूठ बोलते हो तुम बिल्कुल।

स्टीफैनो : अच्छ मैं भी झूठ बोलता? तो फिर यह ले!
(मारता है।)
और चाहता है तो फिर कह मैं झूँठा हूँ।

ट्रिंक्यूलो   : अरे कब कहा मैंने झूँठा। अकल तुम्हारी
                       गुम है, और सुन रहे ऊँचा।
              गिरे गाज इस बोतल पर शराब की! यह तो
              नशा चढ़ गया है तुमको जो बकते हो तुम!
              अरे तुम्हारे दानव पर टूटे अब आकर
              पशुओं की वह क्रूर महामारी! औ' टूटे
              इसी हाथ पर, काट-काट शैतान चबाए।

कैलीबन   : हा! हा! हा! हा!

स्टीफैनो   : जारी रहे बयान तुम्हारा! हाँ जी, तुम कुछ
                       हट के खड़े रहो दानव से!

कैलीबन   : मारें इसे, ठुकाई इसकी खूब उड़ाएँ,
              मैं कुछ देर बाद इसको फिर से खोटूँगा।

स्टीफैनो   : हटो दूर तुम! आगे बोलो!

कैलीबन   : जैसा मैंने कहा, नियम है उसका ऐसा
              वह दुपहर में सोता है, बस उसी समय तुम
              पहले ले लेना उसकी पुस्तकें और फिर
              भेजा उसका फाड़ डालना डण्डे दे दे,
              पेट काट देना या फिर हथियार तेज़ ले,
              या चाकू से गला काट देना तुम उसका।
              मगर याद रखना पहले ग्रन्थों को लेना,
              उनके बिना नशेबाज़ों-सा होगा वह तो,
              जैसा मैं हूँ, जिसके पास नहीं है कोई
              अरे एक भी प्रेत तनिक सेवा करने को!
              घृणा घोर करते हैं वे भी उससे मन में।
              ग्रन्थ जला लेना सब उसके! वैसे उसके
              पास बहुत सामान धरा है, वह कहता है—
              जब घर होगा पास कभी उसके, उसको वह
              उन सबसे सजाएगा चुनकर।
              सबसे बड़ी बात जिस पर विचार करना बाकी है

वह उसकी लड़की की है सुन्दरता, जिसको
अद्वितीय वह स्वयं कहा करता है, सचमुच
मैंने देखी नहीं कभी, स्त्री, केवल दो ही
देखी हैं—यह या फिर मेरी माँ साइकोरैक्स एक थी,
पर यह, साइकोरैक्स! नहीं उससे तो, स्वामी!
कहीं अधिक अच्छी है, सुन्दर कहीं अधिक है।

स्टीफैनो : अच्छा ऐसी ज़ोरदार है तो यह लड़की!

कैलीबन : हे स्वामी! वह सोएगी, निश्चय कहता हूँ,

संग तुम्हारे,

अपने जैसे वीर खूब तुम पैदा करना!

स्टीफैनो : अरे दैत्य! मैं उस मनुष्य को मारूँगा ही,
मैं और, उसकी बेटी राजा रानी होंगे
इसी द्वीप के और बनेंगे ट्रिंक्यूलो औ' तू, तुम दोनों
वायसराय! क्यों ट्रिंक्यूलो कह!
तुम्हें पसन्द आ गई क्या योजना हमारी!

ट्रिंक्यूलो : क्या कहने हैं! लाजवाब है।

स्टीफैनो : आओ हाथ मिलाओ मुझसे! मुझे खेद है।
मारा मैंने तुम्हें, मगर जब तक ज़िन्दे हो,
ज़रा खोपड़ी में ज़बान तुम अच्छी रखना।

कैलीबन : बस अब आधे घण्टे में वह सो जाएगा।
क्या तुम उसको मार सकोगे तब बतलाओ!

स्टीफैनो : मैं अपनी इज़्ज़त की तुमसे क़सम खा रहा हूँ,

इसमें शब्द की क्या गुंजाइश!

एरियल : यह मैं जाकर बतला दूँ अपने स्वामी को।

कैलीबन : मुझे प्रसन्न कर दिया तुमने! मैं खुश हूँ अब!
आओ मस्त बनें हम मिलकर,
क्या फिर वही गीत गाओगे अभी-अभी जो
थोड़ी देर हुई तुम थे मुझको सिखलाते!

स्टीफैनो : अच्छा दैत्य! विनय करता है! तो फिर मैं भी

न्याय करूँगा! कैसा भी हो!

आओ ट्रिंक्यूलो! हम गाएँ।

(गाता है।)

विद्रोह करो! भेदिए बनो!

भेदिए बनो! विद्रोह करो!

है विचार आज़ाद!

कैलीबन : यह वह तर्ज़ नहीं है लेकिन!

(एरियल बाँसुरी और मृदंग बजाता है।)

स्टीफैनो : यह क्या है जी!

ट्रिंक्यूलो : तान हमारे ही गाने की 'कोई नहीं' गा रहा है यह!

स्टीफैनो : यदि तू है आदमी शक्ल तू अपनी दिखला!

यदि तू है शैतान वही कर जो हो मर्ज़ी।

ट्रिंक्यूलो : आह क्षमा कर मेरे सारे पापों को तू!

स्टीफैनो : जो मरता है अपने सारे

कर्ज़े स्वयं चुका जाता है।

मैं तुझको ललकार रहा हूँ।

हम पर करुणा कर तू निश्चय!

कैलीबन : क्या डरते हो तुम भी ऐसे?

स्टीफैनो : नहीं दैत्य! मैं डर सकता हूँ?

कैलीबन : डरो नहीं, यह द्वीप विचित्र रूप ध्वनियों से

भरा हुआ है! ध्वनियाँ हैं, गन्धित समीर है,

सुख देते हैं, कष्ट नहीं वे। कभी-कभी तो

लगता है सैकड़ों हज़ारों वाद्य झनझनाते

झंकृत से मेरे कानों पर,

कभी-कभी आवाज़ें आतीं,

यदि मैं तब गहरी लम्बी निद्रा से जागा

हुआ होऊँ तो वे मुझको फिर निद्रा में तन्मय करती हैं।

और स्वप्न में, मुझको लगता मेघ खुले जाते हैं सम्मुख

अपने मोती दिखलाते हैं बरसाने को तत्पर से हो,

जब जगता हूँ, रोता हूँ कि स्वप्न फिर आए।

स्टीफैनो : यह साम्राज्य ठाठ का होगा मेरे हित तो!
यहाँ मुफ़्त का ही संगीत मिलेगा मुझको!

कैलीबन : जब प्रौस्पैरो का विनाश हो लेगा तब ही।

स्टीफैनो : वह होगा ही धीरे-धीरे! मुझे याद हैं तेरी बातें!

ट्रिंक्यूलो : ध्वनि तो चली जा रही है, आओ हम इसका
पीछा करें और तब अपना काम करेंगे।

स्टीफैनो : आगे चलो दैत्य! हम पीछे से चलते हैं।
काश मुझे दिख पाता यह मृदंगवाला ही।
बजा रहा है।

ट्रिंक्यूलो : आते हो? मैं तो पीछे चलता हूँ इसके,
हे स्टीफैनो!

(सबका प्रस्थान)

दृश्य 3

(द्वीप का अन्य भाग)
(एलोन्ज़ो, सैबैस्टियन, गोन्ज़ालो, एड्रियन, फ्रैन्सिस्को
और अन्यों का प्रवेश)

गोन्ज़ालो : बहुत हो चुका अब न और मैं चल सकता हूँ,
श्रीमान्! मेरी वृद्ध अस्थियाँ दर्द कर रहीं।
यह है टेढ़ा-मेढ़ा रास्ता! सचमुच!
सीधे में से भूल भुलैयाँ! क्षमा करेंगे।
मुझे तनिक विश्राम चाहिए।

एलोन्ज़ो : वृद्ध लार्ड! मैं तुम्हें न दूँगा दोष, क्योंकि मैं
स्वयं हो गया श्रान्त, चेतना मेरी शिथिलित,
आओ बैठें, साँस भरें, मैं अपनी सारी
आशा यहीं छोड़ देता हूँ, क्या करना है
रखकर भी अब अपने चाटुकार के हित ही,
वह तो डूब गया हम जिसको ढूँढ रहे हैं भटक रहे हैं।

विफल खोज यह देख भूमि सिन्धु हँस रहा
व्यंग्य भरा-सा! जाने दो उसको, सचमुच वह चला गया है।

एण्टोनियो : *(सैबैस्टियन से अलग)*

मुझे हर्ष है सचमुच जो यह अब निराश है।
क्षण-भर भी मन हटा न लेना, जो निश्चय है
किया उसी को लक्ष्य बनाकर लगे रहे तुम!

सैबैस्टियन : *(एण्टोनियो से अलग)*

अगला मौका पाते ही कर गुज़रेंगे हम!

एण्टोनियो : *(सैबैस्टियन से अलग)*

आज रात ही रखो फिर तो!
बहुत थक गए हैं चल चल यह,
स्वस्थ दशा की भाँति नहीं कर पाएँगे, कर सकते हैं ये
आज चौकसी।

सैबैस्टियन : *(एण्टोनियो से अलग)*

मैं कहता हूँ। आज रात ही। बस रहने दो।
(विचित्र और गम्भीर संगीत)

एलोन्ज़ो : कैसी लयगत ध्वनि आती है? मेरे मित्रो!
सुनो! सुनो! यह!

गोन्ज़ालो : अद्भुत है यह गीत माधुरी!
(प्रौस्पैरो का ऊपर प्रवेश, अदृश्य। अनेक विचित्र आकृतियाँ आती हैं। दावत का सामान लाती हैं। चारों ओर नाचती हैं, मानो विनम्रता से अभिनन्दन कर रही हैं। और सम्राट तथा साथियों को निमन्त्रित कर रही हैं और चली जाती हैं। आकृतियों में स्त्री-पुरुष दोनों रूप हैं।)

एलोन्ज़ो : रक्षा करो हमारी हे प्रभु! यह सब क्या है?

सैबैस्टियन : जीवित प्रहसन! अब मैं लूँगा मान कि होता
है वह घोड़ा जिसके एक सींग होता है।
और अरब में एक वृक्ष है। जिस पर है फीनिक्स बैठती,

सकल विश्व में एक समय में सिर्फ़ एक पक्षी रहता है।
वह ऐसा फीनिक्स कहाता!

एण्टोनियो : मैं तो दोनों को मानूँगा। और भला फिर
आने में विश्वास कसर रह गई कहाँ है?
मुझसे सुन लो! शपथ ग्रहण करता हूँ यह सब
सत्य, सत्य है, यद्यपि घर के मूर्ख किया करते विरोध थे,
यात्री कभी न झूँठ कहते थे!

गोन्ज़ालो : यदि नेपिल्स पहुँचकर सबसे कहूँ कि मैंने
ऐसा देखा, बात कौन मानेगा मेरी?
कहूँ द्वीपवासी-निश्चय यह इसी द्वीप के ही वासी हैं—
मैंने देखे, कोई भी न यक़ीन करेगा।
यह सच है कि रूप में विकृत दैत्यों से हैं,
फिर भी देखो अधिक नम्र कोमल मन हैं ये
रे अधिकांश हमारी मानव जाति, मनुज गण से

कहता हूँ,
शायद ही मिल पाए हमको इन-सा मानव!

प्रौस्पैरो : *(स्वगत)* अरे भले ईमानदार! क्या खूब कहा है!
कुछ जो यहाँ खड़े हैं वे तो शैतानों से
भी हैं, सत्य, गए बीते ही।

एलोन्ज़ो : इन आकृतियों, रूपों, इनकी भाव भंगिमा, ध्वनियों को
देख नहीं कर सकता मैं अचरज इतना तो!
ऐसा लगता जैसे इनके जीभ नहीं है,
यह तो मौन अवाक् एक सम्भाषण-सा है

कितना सुन्दर!

प्रौस्पैरो : *(स्वगत)* अब न प्रशंसा रही शेष है।
फ्रैन्सिस्को : बड़े विचित्र रूप से अन्तर्धान हुए सब!
सैबैस्टियन : जाने दो! वे अपने भोज्य पदार्थ यहीं पर
छोड़ गए हैं, और हमारे पास उदर हैं—
क्या श्रीमान्! चाहेंगे खाना जो प्रस्तुत है!

एलोन्ज़ो : नहीं, मैं नहीं।

गोन्ज़ालो : श्रीमान्! भय का नहीं एक भी कारण दिखता।
हम जब बालक थे तब कहिए कौन सोचता
था कि पहाड़ों पर हैं ऐसे प्राणी जिनकी
गर्दन के नीचे है खाल लटकती जैसे हो बैलों की!
झोला-सा लटका रहता है मांस गले के आगे? या हैं
ऐसे भी मानव जिनके हैं शीश वक्ष में?
अब पूछें तो जाने कितने मिल जाएँगे
इस पर शर्त लगानेवाले।

एलोन्ज़ो : अच्छा आओ, खाएँ कुछ हम! यद्यपि अपना
बीत गया है वह जो था बहुमूल्य बहुत ही।
मेरे भाई! लार्ड ड्यूक अब आगे आएँ
जैसे हम हैं।
(मेघ गर्जन और बिजली की चमक। एरियल का
प्रवेश। वह विचित्र है। शरीर और मुख है स्त्री का-
सा, वैसे बड़े पंख हैं और पंजे हैं। वह दैत्य है। वह
मेज़ पर अपने पंख फड़फड़ाता है और एक विचित्र
ढंग से दावत का सामान गायब हो जाता है।)

एरियल : तुम हो पापी तीन—नियति, जिसको इस धूमिल
मर्त्यलोक का शासन करके इसके जीवों
के ऊपर है निरत नियन्त्रण रखना अपना,
उसे ही तो सदा बुभुक्षित-सागर को भी
तुम्हें ओक देने को यों है विवश कर दिया
यहाँ द्वीप पर फेंका तुमको, जहाँ नहीं है
कोई मानव, क्योंकि नहीं हो तुम मनुजों के
बीच योग्य रहने के। मैंने
पागल बना दिया है तुमको,
यह वीरत्व अन्त में लेकिन नियति-चक्र में
आत्मघात या वारि निमज्जन में होता है!

(एलोन्ज़ो, सैबैस्टियन तथा अन्य लोग तलवारें खींच
लेते हैं।)
ओ मूर्खो! मैं औ' ये मेरे साथी क्या हैं।
हम हैं दूत नियति के, जिन तत्त्वों से निर्मित
खड्ग तुम्हारे ज्यों प्रचण्ड भीषण समीर को
घायल कर सकते हैं या उपहासास्पद हो
सघन जलों की कर सकते हैं हत्या, त्योंही
मेरे सिर पर लगे हुए इस शोभनीय पर
का रेशा तक नहीं काट सकते हैं कुछ भी
यह मेरे साथी अक्षय हैं मेरे जैसे!
यदि प्रहार कर सकते तुम, तो खड्ग तुम्हारे
बहुत हो गए भारी अब, क्या शक्ति तुम्हारी!
उठा नहीं सकते हो इनको!
रखो याद! यही मैं कहने को आया हूँ।
तुम तीनों ने भले प्रौस्पैरो को, मिलकर
था मिलैन से दिया उखाड़, सिन्धु पर छोड़ा,
जिसने उसको उसकी उस अबोध पुत्री के संग था

तजा किनारे!

उसी पाप की स्मृति को अब तक
भूल न पाई महाशक्तियाँ,
किया नियोजित स्वयं उन्हीं ने सिन्धु, तीर की
सकल शक्तियों को, सब जीवों की स्पर्धा को
नष्ट तुम्हारी शान्ति, क्रोध से कर देने को। और
एलोन्ज़ो
छीना तेरा पुत्र! और कहलाया मुझसे—
''नरक, नरक का घोर दुःख अब तू पाएगा—
एक बार की मृत्यु कि जिससे बुरी न होगी
कोई दुखप्रद मृत्यु—नहीं वह मिल पाएगी,
तुझको पग पग तड़पा तड़पा

कर यातना कठोर मिलेगी।
विजन द्वीप यह, कौन बचाएगा अब तुझको,
टूटेंगी तुझ पर भीषण विपत्तियाँ जो भी
केवल दुख होंगी, नव जीवन की उपक्रम ही!''
**(वह मेघ गर्जन में विलीन हो जाता है। फिर मृदुल
संगीत। आकृतियों का पुनः प्रवेश। नृत्य। फिर वे
मुँह चिढ़ातीं, शक्लें बनातीं मेज़ उठा ले जाती हैं।)**

प्रौस्पैरो : आह एरियल! यह तूने निर्वाह किया है कितना सुन्दर,
इसमें था कौशल, मन मोहक, मेरी आज्ञा
अक्षरशः पालन की तूने, जो कहना था
कहा; अरे यह मेरे साथी, जीवन अनुभव
सत्य जीवन के द्वारा, कितने काम कर चुके मेरे ऐसे!
मेरा जादू ज़ोरदार अब काम कर रहा।
मेरे सारे शत्रु क्षुब्ध घिर गए हैं अब आकर,
वे सब हैं अधीन शक्ति के मेरी अब तो,
इसी विकलता में छोड़ूँ इनको अब इस क्षण,
फर्डिनैण्ड को देखूँ चलकर, उसकी प्रिया औ'
       अपनी उस नयन दुलारी को भी देखूँ।
समझ रहे हैं यह सब है वह तरुण न जीवित!
    (प्रस्थान ऊपर ही से)

गोन्ज़ालो : क्यों यों खड़े चमत्कृत ऐसे देख रहे हैं?
पूछ रहा ईश्वर की स्मृति कर!

एलोन्ज़ो : भीषण है यह, है अति भीषण
मैं समझा यह लहरें बोलीं मुझसे ऐसा
क्या समीर ने यह गुँजार सुनाई मुझको!
बोला वज्र गगन से—वह है
भीम भयंकर वाद्य शून्य का—मुझसे, क्या यह
उसने ही प्रौस्पैरो का है नाम पुकारा,
अतिक्रमण कर गया शब्द वह मेरे भीतर।

इसीलिए मेरा बेटा सोया है जाकर
अतल गर्भ में, कीचड़ की शय्या पर सोया!
मैं भी उसी अतल में जा उसको ढूँढूँगा
गहराई जो नाप न पाया लंगर अब तब
उसके भी नीचे जाकर मैं पास पुत्र के
वही पंक में सो जाऊँगा।

(प्रस्थान)

सैबैस्टियन : एक बार में सिर्फ़ एक शैतान, हटाऊँगा मैं
फिर तो सेनाओं को!

एण्टोनियो : मैं हूँ साथ तुम्हारे बिल्कुल।

(सैबैस्टियन और एण्टोनियो का प्रस्थान)

गोन्ज़ालो : तीनों ही कैसे निराश विक्षुब्ध विकल से!
बहुत समय बाद लगा विष असर दिखाने,
उनका भीषण पाप लगा उनकी आत्मा को

अब कचोटने

मैं करता हूँ विनय! आप जो चपल तरुण हैं
जाएँ पीछे त्वरगति से औ' बाधा डालें
उनके स्वेच्छाचारों में जो यह व्याकुलता
जाग्रत कर डालेगी उनमें।

एड्रियन : चलिए, चलिए!

(सबका प्रस्थान)

चौथा अंक

दृश्य 1

(प्रौस्पैरा की गुफा के सामने)
(प्रौस्पैरो, फर्डिनैण्ड और मिरैण्डा का प्रवेश)

प्रौस्पैरो : यदि मैंने है दण्ड दिया तुमको कठोर यह,
जो तुमने फल पाया उसकी वही पूर्ति है।
अपने जीवन का सब कुछ मैं तुम्हें दे चुका,
वही जी रहा था जिसके हित इतने दिन तक;
एक बार फिर इसे सौंपता हूँ मैं तुमको,
कष्ट दिया जो मैंने तुमको उसको केवल
प्रेम-परीक्षण समझो, सचमुच सफल हुए तुम।
देखे परमेश्वर मैं तुमको देता हूँ यह—
लो! बहुमूल्य भेंट! ओ फर्डिनैण्ड ऐसे तुम
मत मुस्काओ कि मैं प्रशंसा करता इसकी,
स्वयं देख लोगे इसकी, तुम मैंने तो कम
की है इसकी अभी प्रशंसा, कहीं अधिक हैं

इसमें सद्गुण।

फर्डिनैण्ड : हो अभूत कुछ तब है और बात, पर मैं तो
करता हूँ विश्वासपूर्ण ही।

प्रौस्पैरो : यह है मेरी भेंट या कहूँ तुमने इसको
प्राप्त किया है पूर्ण योग्यता दिखला, लो यह
मेरी पुत्री! किन्तु कहीं तुमने अति आतुर
होकर इसकी यह कौमार्य ग्रन्थि[1] यदि खोली
शादी की रस्में पूरी होने के पहले
रे पवित्र परिणय के होने के पहले ही,
तो न स्वर्ग दिखलाएगा फिर करुणा तुम पर,
तीव्र घृणा जाएगी, ईर्ष्या जाग उठेगी,
होगा क्षय माधुर्य, जगेगा असन्तोष फिर,
वैवाहिक जीवन में होगी घोर विषमता,
घृणा करोगे एक-दूसरे को तुम दोनों,
सावधान रहना, तुम निश्चय
प्रेम देवता के प्रदीप को प्रोज्ज्वल करना।

फर्डिनैण्ड : मैं सुखमय जीवन का इच्छुक हूँ, मेरी है
सुख सन्तान, दीर्घ जीवन की शुभद कामना,
ऐसा ही यह प्रेम रहे निर्द्वन्द्व सदा ही,
अन्धकारमय गुहा, जो कि है अवसर देती,
मन के कलुषों को प्रोत्साहन,
वह भी मेरे गौरव को न गला पाएगी, तृष्णा उसको
नहीं बना पाएगी, कुत्सित न हो वासना।
सुख परिणय के दिवस जहाँ सीमा है सुख की
उसे न खोऊँगा मैं ऐसे! उस रजनी में
चन्द्र देवता के अश्वों के पक्षगत होंगे,
या वह बन्दिनि हो जाएगी, हो अनन्त-सी।

प्रौस्पैरो : साधु! धन्य तुम!

---

1. पुराने यूरोप में कुमारियाँ कमर में एक रस्सी-सी बाँधती थीं। उसके खुलने तक लड़की कुमारी मानी जाती थी। हिन्दुओं में कुमारियाँ बिछिया नहीं पहनतीं, विवाह के बाद पहनती हैं।

बैठो उससे बात करो तुम!
अरे तुम्हारी ही है अब वह!
अहे एरियल! ओ मेरे उद्योगी सेवक!
अहे एरियल।

(एरियल का प्रवेश)

एरियल   : शक्तिमान स्वामी आज्ञा दें! मैं प्रस्तुत हूँ।

प्रौस्पैरो   : तूने और सहायक तेरे, उन सबने हैं
कार्य्य श्रेष्ठता से सब मेरे किए अभी तक!
एक काम है और अभी भी करना तुझको!
ला अपने छुटभैयों को तू जिन पर मैंने
शक्ति तुझे दी है शासन करने की, यहाँ बुलाकर,
जल्दी काम करा तू उनसे, मुझे दिखाना
इस कुमार दम्पति को अपनी महत् कला का
आडम्बर कुछ, अरे प्रतिज्ञा जो कर बैठा,
और देखना चाह रहे ये, आशा करते इसकी मुझसे।

एरियल   : अभी लीजिए।

प्रौस्पैरो   : बस जल्दी से।

एरियल   : इससे पहले कि कह सकें स्वामी अब 'आओ' 'जाओ भी',
साँस ले सकें दो ही, आया अभी-अभी मैं।
आएगी हर आत्मा तुरत दौड़ती जल्दी,
शक्ल बनाती, नयन चढ़ाती।
स्वामी! मुझे प्यार करते हो? बोलो? या ना?

प्रौस्पैरो   : बहुत एरियल! ऐरे कोमल!
जब तक नहीं बुलाऊँ तुमको तुम मत आना।

एरियल   : जैसी आज्ञा।

(प्रस्थान)

प्रौस्पैरो : सत्य न तजना, मत विलास की अति में पड़ना,
अरे वासना की ज्वाला में सब जल जाता,
रहना संयम से, जीवन में, और नहीं तो,
मोल न होगा कुछ वचनों का।

फर्डिनैण्ड : प्रतिश्रुत हूँ श्रीमान्! हृदय का श्वेत तुहिनमय
प्लीहा की ऊष्मा को सह पाता न तनिक है।

प्रौस्पैरो : अच्छा अब लो आओ, हे एरियल!
संग लाओ साथी गण,
दृश्य दिखाओ, दिखो, रहो मत अब अदृश्य तुम,
चपल-चपल त्वर!
बात न करना। केवल देखो, तुम चुप रहकर।

(मधुर संगीत)

(आइरिस का प्रवेश)

हे सिरीज़! सम्पन्न महिम्ने! भूमि तुम्हारी
अति समृद्ध है, कनक, और कितने ही अन्न कन्द हैं
उगते उसमें अनुदिन,

पर्वत हैं दूर्वा से श्यामल,
जहाँ कुतरती घास घूमती हैं भेड़ें वे,
छायाओं में चारा जमा धरा है काफ़ी,

उन्हें चराने!

मधुर वसन्त तुम्हारे तटवर्ती प्रदेश को
तरह-तरह के नरकुल से है झुक सँवारता
करता है पवित्र अप्सरियों को भी।
घनीभूत छाया वाले कान्तार तुम्हारे
जिसमें विरही तरुण घूमते प्रेमी व्याकुल,
अंगूरों की बेलों से हैं कुंज छा रहे,
तुम समुद्र तट की कठोर चट्टानी भू पर
बैठ व्यंजन करती हो मंदिम, सुनो आ रही

है अम्बर की रानी! मैं हूँ
जिसकी अनुचरि, एक पनीली सिंह द्वार-सी
करती अनुनय उन्हें छोड़कर आओ! अपनी
गरिमा भव्य अलंकृत करती, इस दुर्वा पर
क्रीड़ा करने, उसके लो मयूर आते हैं उड़-उड़ मनहर,
आओ हे सिरीज़! अम्बर की रानी का

अभिनन्दन करने।

(सिरीज़ का प्रवेश)

सिरीज़   : जय हो! शबलित दूत! कभी तुम
परम देवता जूपीटर की पत्नी जूनो
की आज्ञा का उल्लंघन करती न तनिक भी!
तुम जो अपने केसरिया पंखों से मेरे
फूलों में मधु भर देती हो, मृदु फुहार झट;
अपने नीले धनु के दोनों छोर सजाकर
मेरे कान्तारों, मैदानों, स्निग्ध पर्वतों
पर हो सुन्दर मुकुट लगातीं!
मेरी गर्वीली धरती के कण्ठ देश में
लिपटे सुन्दर मृदुल वस्त्र-सी!
मुझे बुलाया क्यों है इस कोमल शाद्वल पर
यहाँ तुम्हारी रानी ने मुझको बतलाओ!

आइरिस   : मधुर स्नेह के एक मिलन का उत्सव करने,
सुघर प्रेमियों पर बरसाने मधुर कामना!

सिरीज़   : इन्द्रधनुष हे! सखी! बताओ,
क्या वीनस औ' उसका सुत, है तुम्हें ज्ञात ही,
रानी की सेवा में अब प्रस्तुत रहते हैं?
जब से उन दोनों ने मेरी पुत्री डिस को
दुखी बनाने की योजना बनाई थी, मैंने तो
उसे और उसके उस अन्धे सुत को बिल्कुल

छोड़ दिया है, शपथ उठाकर।

आइरिस : उसकी सोहबत से न डरो तुम!
वीनस की नगरी पैफस की ओर स्वयं ही
देखा मैंने उसकी देवी को मेघों को फाड़ भागते,
पक्षी उसके सुत का वाहन खींच रहे थे।
लगता है कर गए यहाँ इस युवक युवती पर
वे कोई जादू है जिनकी एक प्रतिज्ञा
जब तक काम प्रदीपन प्रोज्ज्वल होगा तब तक
शैय्या गमन न होगा, पर है व्यर्थ सभी यह,
प्रिया मार्स की फिर आई है लौट और वह
उसका जो चिड़चिड़ा पुत्र है,
उसने बाण तोड़ डाले हैं अपने सारे,
कहता है अब नहीं बाण से वह खेलेगा
अबाबील से खेलेगा, अच्छा बालक बन।

सिरीज़ : सर्वश्रेष्ठ सर्वोच्च आ रही।
है महान जूनो! मैं उनको

गति से ही पहचाना करती!

(जूनो का प्रवेश)

जूनो : कैसी हो सम्पन्न भगिनि हे मेरी बोलो!
अरे चलोगी आशीष देने इस दम्पति को
जो समृद्ध सम्पन्न बनें यह,
हों सन्तान सुखद प्रिय उनकी।

(गीत)

जूनो : *सुख समृद्धि आशीष लो हमसे,*
जीवन दीर्घ और हर्षित रे,
वर्द्धमान आनन्द मुखर हो,
क्षण-क्षण पुलकित सब अनुदिन हो!
जूनो यह आशीष दे रही,

हो युग-युग तक तुम प्रफुल्ल ही।

सिरीज़ : धरती हो सम्पन्न, प्रचुर हो सब उत्पादन,

धन्यागार भरे हों, खाली कभी न हो क्षण,

लदें लताएँ अंगूरों के मृदु गुच्छों से,

झुक जाएँ तरु लदे हुए प्रिय कुसुम-फलों से,

फ़सल पके पर आए मन मोहन वसन्त रे,

हों अभाव सब दूर, यही मेरी आशीष रे,

फर्डिनैण्ड : कितना भव्य दृश्य है यह, कितना मोहक है

समरस गतिलय!

क्या आज्ञा है मुझे पूछने की यह सब क्या आत्माएँ हैं?

प्रौस्पैरो : आत्माएँ हैं, जिनको मैंने

उनकी काराओं से है यहाँ बुलाया, करने

यह नाटक, मेरी कल्पना प्रदर्शित करने।

फर्डिनैण्ड : मुझे यहीं रहने दें जीवन भर अब क्या है!

ऐसे श्वसुर पूज्य औ' अद्भुत, बुद्धिमान हैं,

और स्वर्ग ही बना दिया है इस धरती को!

(जूनो और सिरीज़ फुसफुसाती हैं और आइरिस को
काम पर भेजती हैं।)

प्रौस्पैरो : प्रिय अब फिर से चुप हो जाओ,

जूनो और सिरीज़ बड़ी गम्भीर हुई-सी

करती है मन्त्रणा, अभी है कुछ करने को,

शान्त मौन है! और नहीं तो

जादू अपना मिट जाएगा।

आइरिस : अरे अप्सरियो! तुम हो कहलातीं

जलदेवी हो सुन्दरी!

बल खाते झरनों में रहतीं!

हरित पादपों का सिर पर हो मुकुट धारतीं,

सदा प्रीति-नयनों से सबको हो निहारतीं!

अपने घुँघराले फुसफुस से स्रोत छोड़ दो,
आओ इस श्यामल शाद्वल पर!
जूनो ये आज्ञा देती है।
आओ शान्त मृदुल अप्सरियो!
यह है सच्चा प्रेम इसे आकर आशीष दो,
करो न देर यहाँ दम्पति है सुख बरसाओ!
(कुछ अप्सराओं का प्रवेश)
ओ आतपतापित कृषको, भादों के बोझे में
आओ जुती भूमि से आओ, हर्ष मनाओ,
उत्सव का मंगल भर मन में,
अपने रई के फूँसों के तुम टोप लगाए।
सब मिल नाचो,
नाचो कृषको! हे अप्सरियो!
(कुछ किसान आते हैं, अच्छे वस्त्र पहने; वे अप्सरियों के सुघर नृत्य में सम्मिलित होते हैं। नृत्य की समाप्ति के समय हठात् प्रौस्पैरो खड़ा हो जाता है और बोलता है। जिसके बाद एक विचित्र गूँजती और अस्पष्ट ध्वनि करती हुई आत्माएँ तुरन्त अन्तर्धान हो जाती हैं)

प्रौस्पैरो : *(स्वगत)*
भूल गया मैं वह कलुषित षड्यन्त्र भयानक
पशु कैलीबन और साथियों का उसके तो,
वह तो मेरा जीवन हर लेने की इच्छा
करते, और समय उनके आने का भी तो
पास आ गया। *(आत्माओं से)* बहुत ठीक है!
अब जाओ तुम!

फर्डिनैण्ड : यह विचित्र है। पिता तुम्हारे
किसी भाव से आहत से हैं।
वह उनको विचलित करता है।

मिरैण्डा : अब तक मैंने उन्हें न देखा ऐसा भीषण
क्रोधित होते!

प्रौस्पैरो : पुत्र! देखते हो मुझको यों तो विचलित से,
जैसे तुम वेदनाग्रस्त हो। किन्तु नहीं तुम
बनो दीन, आनन्द मनाओ! अपनी क्रीड़ा
पूर्ण हो चुकी। बता चुका हूँ मैं पहले ही,
अपने यह अभिनेता सब केवल आत्मा हैं,
शून्य वायु में लीन हुए जो,
निराधार इस दृश्य सदृश ही
जलद विचुम्बी वे मीनारें, भव्य तुंग प्रासाद, और
मन्दिर प्रशुद्ध, यह सारी धरती,
अरे सकल जो हमें प्राप्त होता है सब ही
घुल जाएगा इसी भाँति ही,
इसी तथ्य से हीन ढंग से सब खोएगा,
चिह्न न बाकी रह पाएगा।
हम हैं ऐसी वस्तु स्वप्न हों जैसे कोई,
अपना लघु जीवन है जैसे घिरा नींद से।
मैं हूँ क्रुद्ध, किन्तु मेरी निर्बलता समझो,
मेरा वृद्ध, विचिन्तित है, मस्तिष्क, इसलिए
मेरी निर्बलता से तुम मत होना विचलित,
अच्छा होगा, तुम मेरी कन्दर में जाओ
औ' विश्राम करो अब दोनों,
मैं दो-चार चलूँगा पग कुछ टहलूँगा अब
अपने मन को शान्त बनाने।

फर्डिनैण्ड, मिरैण्डा : शान्ति मिले आपको सद्य ही।

(दोनों का प्रस्थान)

प्रौस्पैरो : आ मेरे विचार से चंचलत्वर आ रे तू!
हे एरियल निकट आ मेरे!

(एरियल का प्रवेश)

एरियल   : बँधा हुआ हूँ मैं विचार से स्वामी! तुम्हारे
कैसे करूँ प्रसन्न तुम्हें! अब त्वर आज्ञा दो!

प्रौस्पैरो   : आ आत्मा! तत्पर हो जाएँ कैलीबन का करें
सामना।

एरियल   : मेरे आज्ञादायक स्वामी!
जब सिरीज़ को लाया था मैं, सोचा मैंने
याद दिला दूँ स्वामी! तुमको, किन्तु यही था
भय मुझको न क्रुद्ध हो जाएँ कहीं उस समय!

प्रौस्पैरो   : मुझे बता तू? छोड़ कहाँ आया था तू उन
नीचों को, कह!

एरियल   : वे थे बड़े नशे में, यह मैं बता चुका हूँ,
इतनी मस्ती थी उनमें कि मारते थे वे
स्वयं हवा को क्योंकि साँस लेती वह जा
उनके मुख पर!

धरती चूम रही थी पग, इसलिए उसे वे
मार रहे थे। फिर भी अपने लक्ष्य-बिन्दु की
ओर बढ़े आते थे प्रति क्षण।
तब मैंने मृदंग अपना उस जगह बजाया,
बेलगाम घोड़े-सी ऊँची किए कनौती,
आँखें फाड़, नाक ऊँची कर लगे सूँघने से वह
मेरी गीत माधुरी

रे बछड़े की भाँति रँभाते मेरे पीछे
भाग चले वे झाड़ी झंखड़ पर मतवाले,
काँटों ने दाँतों नाखूनों से अपने तब
काटा उनको, छेदा उनको, पाँवों में वे
घुटनों तक घुस गए, अन्त में मैंने उनको
गन्दे जल के किसी ताल में ले जा छोड़ा

जो है अधर आपके कन्दर के, औ' वे तो
ठोढ़ी तक डूबे कीचड़ में रहे नाचते,
गन्दे जल की भर सड़ाँध उनमें तब व्यापी।

प्रौस्पैरो   : ठीक किया यह हे मेरे प्रिय!
अब भी तू अदृश्य हो रह औ'
तुच्छ वस्तुएँ मेरे घर की सब बटोर ला
उन चारों को गिरफ्तार करने का लासा!

एरियल   : जाता हूँ, लो मैं जाता हूँ।

(प्रस्थान)

प्रौस्पैरो   : ओ शैतान! जन्म से ही शैतान भयानक!
प्रकृति बदल सकती न कभी जिसको पालन से!
मानवीयता से मैंने जो कष्ट उठाए
तुझे बनाने को सुन्दर सब नष्ट हो गए,
बढ़ती जाती है कुरूपता संग आयु के,
कुत्सा बढ़ती है चिन्तन में!
मैं उन सबको बुरा दण्ड दूँगा वह भीषण
                जो वे गला फाड़ रोएँगे।

(एरियल का पुनः प्रवेश। उसके साथ चमकते वस्त्र
हैं तथा अन्य वस्तु भी हैं।)
इधर, इधर ला, इधर अरगनी पर धर दे तू!

(प्रौस्पैरो और एरियल अदृश्य रहते हैं। कैलीबन,
स्टीफैनो और ट्रिंक्यूलो भींगे हुए प्रवेश करते हैं।)

कैलीबन   : विनती करता हूँ मैं धीरे चलो, तुम्हारी
पगध्वनि सुन न छुछुन्दर पाए, बहुत पास हम
आ पहुँचे हैं अब कन्दर के।

स्टीफैनो   : दैत्य! परी है जो वह, जिसे बताते हो तुम
सरल, बनाया उसने तो हमें बहुत ही
                मूर्ख! अभी तक!

ट्रिंक्यूलो : अरे दैत्य! बदबू आती है, यहाँ तेज़ है,
          घोड़े का पेशाब गन्ध से फाड़ रहा सिर,

स्टीफैनो : यही हाल मेरा है! सुन बे दैत्य! कहीं मैं
          हुआ क्रुद्ध तुझसे तो, सुन ले...

ट्रिंक्यूलो : लुप्त दैत्य होगा तू तब तो दैत्य जान ले!

कैलीबन : मेरे स्वामी, मुझसे अपनी दया न छीनो,
          शान्त रहो, जो भेंट तुम्हें अब दूँगा जल्दी
          इस विपदा को धोखा-सा देगी वह क्षण में
          धीरे बोलो! सब पर है ऐसा सन्नाटा
          जैसे आधी रात हो गई।

ट्रिंक्यूलो : पर तालाब में खोई हैं बोतलें हमारी।

स्टीफैनो : इसमें केवल नहीं, दैत्य! अपमान हमारा,
          अरे हानि भी तो है भारी!

ट्रिंक्यूलो : अरे भींगने से तो मुझको वही दुःख है,
          दैत्य! तुम्हारी सरल परी का ही प्रसाद है।

स्टीफैनो : जाऊँ बोतल लाऊँ अपनी, चाहे मुझको
          कितनी भी पड़ जाए न मेहनत।

कैलीबन : हे मेरे सम्राट्! शान्त हो! चुप हो जाएँ!
          देख रहे हैं यही द्वार है उस कन्दर का
          बिना किए आहट घुस जाएँ।
          वह कुकर्म कर लें पहले जो सकल द्वीप यह
          बने तुम्हारा अपना ही, फिर मैं कैलीबन
          मैं कैलीबन सदा तुम्हारा, रहूँ साथ में
          जूते चाटूँ सदा तुम्हारे दास बना-सा।

स्टीफैनो : ला दे अपना हाथ! आ रहे हैं मुझको
          हत्या के विचार वे भीषण।

ट्रिंक्यूलो : स्टीफैनो सम्राट्! श्रेष्ठ! हे योग्य श्रेष्ठ नृप,
          अरे ज़रा देखो कितने सुन्दर कपड़े हैं!

कैलीबन : इनको छोड़ मूर्ख तू यह सब तथ्यहीन है!

ट्रिंक्यूलो : अरे दैत्य! जा! हमें ज्ञात है
क्या हैं वस्त्र पुराने! है स्टीफैनो राजा!

स्टीफैनो : रख दो ट्रिंक्यूलो! तुम रख दो उस चोगे को
यह मेरा है।

ट्रिंक्यूलो : हाँ श्रीमान्! आप ही ले लें।

कैलीबन : पड़े जलन्धर रोग मूर्ख इस ट्रिंक्यूलो पर!
यह रद्दी सामान, इसी पर बुद्धि छोड़ दें?
छोड़ो इसको! पहले हम कर डालें,
अगर जग गया वह तो फिर नखशिख अपना तो
इतना नुचवाएगा व सब धरा रहेगा,
मर-मर जाएँगे यह सुन लो!

स्टीफैनो : चुप रह दैत्य बोल मत, कह तू! अरी अरगनी!
क्या यह जैकेट मेरी ही है?
अब यह सिलवट के नीचे औ' बहुत शीघ्र ही
जैकेट झर जाएँगे तेरे रूएँ जैकेट,
हो जाएगी बिल्कुल गंजी।

ट्रिंक्यूलो : खूब चुराते हैं हम दोनों। स्तर औ' रेखा
बीच लगे हैं! क्यों राजा जी?

स्टीफैनो : लाजवाब तेरा मज़ाक है। ले यह ले ले
यह ईनाम है, जब तक मैं हूँ राजा तब तक
नहीं बुद्धि जाएगी पाए बिना भेंट तो!
क्या विचार लाई है तेरी अजब खोपड़ी
एक और ले वस्त्र बहुत खुश हूँ मैं तुझसे।

ट्रिंक्यूलो : आ रे दैत्य, उँगलियों पर निज अपने अब तू
चूना लगा और सबको ले चल ढो-ढोकर।

कैलीबन : नहीं एक भी काम करूँ यह, समय व्यर्थ ही
नष्ट हो रहा, और सभी हम या तो क्षण में

बतख बनेंगे या फिर बन्दर जिनके माथे

अति छोटे कुरूप होते हैं!

स्टीफैनो : दैत्य! उठा तो! इस सबको ले चल तू ढोकर

वहीं जहाँ मेरी शराब रखी है या फिर

तुझे निकालूँगा मैं अपने द्वीप-राज्य से।

चल अब! ले चल! ले यह!

ट्रिंक्यूलो : यह भी!

स्टीफैनो : हाँ, यह भी ले!

(शिकारियों की आवाज़ सुनाई देती है। विभिन्न आत्माओं का प्रवेश। कुछ कुत्ते के रूप में हैं, कुछ शिकारी कुत्तों की आकृति में। सब शिकार में हैं। प्रौस्पैरो और एरियल उन्हें लहसा रहे हैं।)

प्रौस्पैरो : ओ हे पर्वत! आगे! आगे!

एरियल : रजत! वह रहा! रजत! घेर ले!

प्रौस्पैरो : क्रोध! क्रोध! उस ओर झपट तू!

अत्याचारी! टूट वहाँ पर!

सुनो! सुनो! हे!

(कैलीबन, स्टीफैनो और ट्रिंक्यूलो बाहर खदेड़ दिए जाते हैं।)

मेरे शासित प्रेतो! जाओ, टूटो इन पर!

पीछा करो! पीस दो इनके जोड़-जोड़ को!

ऐंठन भर दो! काट-काटकर अंग झुका दो!

सिकुड़ जाए तन! इतने दाग लगा दो इन पर

जितने नहीं दिखाई देते चीते पर भी,

पर्वत के बिलाव से ज्यादा करो दगीला।

एरियल : सुनिए! सुनिए! करते हैं चीत्कार भयद वे!

प्रौस्पैरो : अच्छी तरह शिकार आज उनका होने दो!

इस क्षण मेरे शत्रु सभी मेरे चरणों पर

मेरी करुणा के सन्मुख ही पड़े हुए हैं।
शीघ्र सफल होंगे समाप्त मेरे श्रम औ' तू
होगा अब स्वतन्त्र, पर मेरा
थोड़ा काम शेष है उसको पूरा कर दे।

(प्रस्थान)

पाँचवाँ अंक

दृश्य 1

(प्रौस्पैरो की कन्दरा के सामने)
(प्रौस्पैरो का जादू के कपड़े पहने एरियल के साथ प्रवेश)

प्रौस्पैरो   : मेरी सब योजना लक्ष्य पर पहुँच चली है,
          मेरा जादू है अखण्ड, मेरी आत्माएँ
मेरे हैं अधीन, काल भी
अपने वाहन पर है सीधा चला जा रहा।
          दिन कितना है!

एरियल   : स्वामी! छ: बजने को हैं, था कहा आपने
          काम बन्द हो जाएगा तब!

प्रौस्पैरो   : यही कहा था! जब मैंने तूफ़ान उठाया, ओ आत्मा सुन!
हैं सम्राट् कहाँ हैं उनके संगी साथी?

एरियल   : जैसी मुझको आज्ञा दी थी उसी तरह वे
सब बन्दी हैं, नींबू के झुरमुट में जो ऋतु रक्षक-सा है
गुहाद्वार पर आप जहाँ रहते हैं स्वामी!
जब तक मुक्त न आप करें वे हिल न सकेंगे,
राजा औ' युवराज तथा वे बन्धु आपके
तीनों हैं पागल से, बाकी दुख से पीड़ित

शोक मनाते हैं उनकी हालत पर व्याकुल।
वह है बहुत व्यथित जिसको थे आप कह रहे—
'अच्छा बूढ़ा गोन्ज़ालो' उसके तो आँसू
बहते हैं उसकी दाढ़ी पर जैसे ऋतु में
जाड़ों की, नरकुल के छोरों से रह-रहकर
हिम की बूँदें गिरती रहतीं!
जादू है आपका चला उन पर हावी हो,
यदि देखें अब आप उन्हें तो स्वयं आप भी
हो जाएँगे कोमल सचमुच आर्द्र हृदय हो।

प्रौस्पैरो : क्या तुझको ऐसा लगता है?

एरियल : लगता स्वामी! यदि मैं भी मानव ही होता।

प्रौस्पैरो : तब तो मुझको यही लगेगा।
ओ वायव्य! भला तुझमें भी, क्या है, कह तो,
वही वेदना समवेदन? औ' क्या मैं जो हूँ,
उन जैसा ही, उस दुख को न समझ पाऊँगा?
क्या तेरे ही भाँति दया मुझको न छुएगी?
यद्यपि उनके घोर पाप ने मुझे सताया,
किन्तु उदात्त विवेक क्रोध मेरा दावेगा,
सद्गुण ही है श्रेष्ठ देख प्रतिहिंसाओं से,
यदि वे पश्चात्ताप पूर्ण हैं तो फिर मेरे
सकल ध्येय हैं पूर्ण हो गए और नहीं है
मुझे रोष फिर! चला तू जल्दी, सुघर एरियल!
उन्हें मुक्त कर दे। अब अपना यह जादू भी
कर दूँगा मैं ध्वनि, चेतना उनकी लौटा,
हो जाएँगे वे फिर से पहले जैसे ही।

एरियल : मैं उनको ले आता हूँ अब मेरे स्वामी!

(प्रस्थान)

प्रौस्पैरो : पर्वत, निर्झर, झीलों, कुंजों की आत्माओ!

काल-रेत पर चरणचिह्न से हीन चपल गति
चलते पीछा करते हो तुम उतर रहे से
नेपच्यून का, फिर-फिर उसे घेरते रहते,
कठपुतली से तुम ज्योत्स्ना में हरित लहरियों का
निर्माण किया करते हो!
जिसे नहीं खाती है भेड़ी! तुम जो अपना
काल बिताते मनोरंजन कर
अर्द्धरात्रि के सुघर कुकुरमत्ते रचते हो,
सन्ध्या के बजते घण्टों को सुनकर हर्षित हो जाते हो,
अरे तुम्हारी ही सहायता से निर्बल स्वामी मुझ जैसा
धुँधला है कर सका दीप्त मार्त्तण्ड स्वयं मध्याह्न
प्रखर का,
मैं, जिसने कि समीकरण वे विद्रोही अपने
इंगित पर हैं छोड़े अहरह,
हरित् सिन्धु औ' नील व्योम के अन्तराल में
मैंने तुमुल युद्ध छिड़वाया,
रे प्रचण्ड विकराल नाद करते वज्रों को
मैंने दी है अग्नि और जव[1] के विशाल धन
महावृक्ष को उसके ही अति क्रुद्ध वज्र से
खण्ड कर दिया,
मैंने सुदृश कठोर अन्तरीपों को अपनी
महाशक्ति से किया प्रकम्पित,
झटकों से उखाड़ डाले हैं भीम वृक्ष भी,
मेरी आज्ञा से कब्रों ने अपने वासी
मुर्दों को जाग्रत कर बाहर भेजा अपने खोल-खोल मुख,
ऐसी मेरी महाशक्ति है, महाज्ञान की!

---

1. देवता।

पर यह अपना जादू शपथ ग्रहण करके मैं

छोड़ रहा हूँ।

मुझे मिल रहा है स्वर्गीय दिव्य अनुपम-सा

जो संगति-मिलेगा धीरे-धीरे आगे अभी और भी,

वह मेरे सारे माध्यम के अंतों को लेगा सहेज जब,

जिसके लिए सकल यह मेरा इन्द्रजाल है,

ताड़ूँगा, मैं तब अपना जादू का डण्डा,

गाड़ूँगा पृथ्वी में गहरा,

अतल सिन्धु में फेंकूँगा अपनी किताब को।

(मधुर गम्भीर संगीत)

(आगे-आगे एरियल का पुनः प्रवेश)

(पागल-से एलोन्ज़ो, सैबैस्टियन और एण्टोनियो पीछे हैं। उनके पीछे गोन्ज़ालो, एड्रियन और फ्रैन्सिस्को क्रमशः हैं। वे सब एक गोले में घुसते हैं जिसे प्रौस्पैरो ने बना रखा है। वे वहाँ ऐसे खड़े होते हैं, जैसे उन पर जादू छा गया है। उसे देखकर प्रौस्पैरो कहता है—)

है गम्भीर पवन, वह आतुर विकल कल्पना

को देता है शान्ति, करे वह मस्तिष्कों को

शान्त तुम्हारे,

खौल-खौल जो हुआ कपाल मध्य में बिल्कुल

व्यर्थ और निर्बल है भीतर!

सुनो वहीं तुम, क्योंकि सभी पर जादू छाया।

ओ पवित्र गोन्ज़ालो ओ सम्मानित मानव!

मेरी आँखें देख तुम्हारी दशा तुम्हारी भाँति

रिस रहीं!

जादू हटता है अब, जैसे भोर रात्रि का तिमिर

गलाकर

आ जाती है, वैसे ही चेतना नई अब
यह अज्ञान-धूम धीरे से हटा रही है।
अहे श्रेष्ठ गोन्ज़ालो! मेरे सच्चे रक्षक!
स्वामिभक्त उसके जिसके पीछे चलते हो!
मनसा वाचा और कर्मणा स्वयं चुकाऊँगा मैं सचमुच
दया तुम्हारी!
और एलोन्ज़ो! निष्ठुरता से तुमने मुझको
मेरी पुत्री को यह अत्याचार दिखाए।
यह था बन्धु तुम्हारा, उकसाता था तुमको,
उसका यह बदला पाया है तुमने ऐसा ओ

       सैबैस्टियन!

मेरे रक्त-मांस, ओ मेरे भ्राता! तुमने घोर

       महत्त्वाकांक्षा में पड़,

त्याग दिया मानवी सहजता को ही उस दिन,
फिर इस सैबैस्टियन से मिलकर—
जिसको देख तुम्हें कचोटते हैं अभाव से—
चाहा था हत्या कर दो इस राजा की ही!
तुम्हें क्षमा करता हूँ यद्यपि अप्राकृतिक हृदय को निष्ठुर!
अब चेतना लहर बढ़ती हैं, और शीघ्र ही
नए ज्वार में वे विवेक तट तक पहुँचेंगी,
जो इस क्षण गँदला सपंक है।
इनमें से न एक भी मुझको देख सकेगा, अत: एरियल!
ला दे मेरा शिरोवस्त्र और खड्ग गुहा से,
मैं यह वस्त्र उतारूँगा निज,
उसी रूप में पुन: मिलूँगा अब मैं इनसे
ज्यों मिलैन में रहता था मैं!
ओ वायव्य आत्मा! कर जल्दी, तू ले आ!
बहुत शीघ्र होगा स्वतन्त्र अब!

(एरियल उसे कपड़े पहनाता हुआ गाता है।)
मधु ममाखी मधुर मधु पीती जहाँ है
मैं वही रस-सिक्त होता हूँ मगन मन,
उलूकों की गूँजती ध्वनियाँ वहीं से
किया करता हूँ शिथिल लेटा श्रवण क्षण,
ग्रीष्म के प्रियहास में आनन्द पाता
गादुरों के पंख पर उड़ता चपल मन,
हर्ष से, आनन्द से अब मैं रहूँगा
डालियों पर फुल्लकुसुमों के तले, मन!

प्रौस्पैरो   : आह मेरे एरियल! तेरा अभाव मुझे खलेगा,
किन्तु तुझको प्राप्त होगी मुक्ति भी तो!
फिर चलो, सम्राट् के उस पोत पर जा,
तू अदृश्य अभी बना है,
सुप्त है मल्लाह उसके निम्न भागे,
जगा दे टिंडाल को औ' पोत से उस स्वामी को तू
औ' यहाँ ले आ अभी जा।

एरियल   : वायु पीता हूँ अभी मैं आ मिलूँगा
धमनियाँ बज भी न पाएँगी अधिक भी!

(प्रस्थान)

गोन्ज़ालो   : सकल पीड़ा, त्रस्त भारिल वेदना यह,
और अद्भुत की चपल यह व्याप्ति सब हैं
और है ही क्या यहाँ पर!
इस भयानक देश में से शक्ति कोई दिव्य ही
रक्षा करे अब तो हमारी!

प्रौस्पैरो   : देखिए सम्राट्! यह है ड्यूक उसी मिलैन का
                              वह प्रौस्पैरो,
हुआ था अन्याय जिसके साथ भीषण!
दिलाऊँ विश्वास मैं जीवित मनुज हूँ

और एक कुलीन ही है बात करता आपसे यों,
स्पर्श करता आपका मैं!
और सबका भी यहाँ मैं हृदय से निज
निरत स्वागत कर रहा हूँ।

एलोन्ज़ो : तुम वही हो या नहीं हो, या भयानक छाया हो?

कोई मुझे आए डराने,

देर से जो देखता हूँ, जान मैं पाता नहीं कुछ,
किन्तु धमनी बज रही है यह तुम्हारे,
रक्त मांस पुकारते हैं इस तरह से,
अरे कितने दिनों से अपराध अपना व्यथित

मुझको कर रहा है,

एक पागलपन गया मुझ पर अरे! छा,
आह! कितनी कथा यह आश्चर्यमय है
इ्यूक पद फिर लो, मुझे मेरे पुराने
सकल दोषों के लिए कर दो क्षमा तुम!
प्रौस्पैरो किन्तु जीवित रहा कैसे?
और फिर है वह यहाँ पर?

प्रौस्पैरो : अरे पहले, औ उदात्त हृदय करुण हे

लार्ड! तुमसे मैं मिलूँ अब,

वृद्ध हो तुम! और गौरव यह तुम्हारा
नप न सकता, बँध न सकता।

गोन्ज़ालो : अरे यह है या नहीं, क्या कहूँ मैं!

प्रौस्पैरो : अभी तक तो द्वीप का ऐसा असर है
तुम नहीं विश्वास जल्दी कर सकोगे।
आह! स्वागत! सकल मित्रो!

(सैबैस्टियन और एण्टोनियो से अलग)

लार्ड गण! यदि चाहता मैं
तो नृपति का क्रोध तुम पर जगा देता,

और तुमको कुटिल औ' विश्वासघाती

प्रमाणित करता तुरत ही!

किन्तु छोड़ो! अब न मैं कुछ भी कहूँगा।

सैबैस्टियन : *(स्वगत)* बोलता शैतान इसमें।

प्रौस्पैरो : नहीं! ओ अति नीच! तुझको बन्धु कहना

स्वयं मुख को भी अनाविल है बनाना,

किन्तु तेरे सकल दोषों को यहीं मैं

क्षमा करता इस समय ही,

ड्यूक पद मैं छीनता हूँ देख तुझसे,

तुझे परवश विवश हो तजना पड़ेगा।

एलोन्ज़ो : सत्य यदि तुम

प्रौस्पैरो हो बताओ किस तरह जीवित रहे तुम,

किस तरह आकर मिल हमसे यहाँ पर,

अभी घण्टे तीन ही शायद हुए हैं

जबकि हम विध्वस्त-बोहित सिन्धु में हो

तीर पर आकर लगे थे।

खो गया है—आह कितनी तीक्ष्ण है स्मृति काटती सी—

पुत्र मेरा लाडला भी! फर्डिनैण्ड कुमार मेरा!

प्रौस्पैरो : अति दुखी हूँ जानकर यह।

एलोन्ज़ो : हाय मेरी हानि पूरी अब न होगी,

धैर्य कहता है कि इसका अब निदान

न शेष कोई।

प्रौस्पैरो : मैं समझता हूँ अभी तक आपने कोई

मदद ढूँढी नहीं है,

उस नियति की स्वयं जिसकी मदद से ही

कर चुका मैं हानि अपनी और फिर भी

तृप्त हूँ मैं।

एलोन्ज़ो : एक सी ही हानि तुम पर आ पड़ी है!

प्रौस्पैरो   : खो चुका हूँ सुता अपनी, हाल ही में,
किस तरह इस दु:ख को अब मैं सँभालूँ!
है न मेरे पास यह दु:ख झेलने की शक्ति भी तो,
जिस तरह है आपके तो पास निश्चय!

एलोन्ज़ो   : एक पुत्री! अरे ईश्वर!
काश वे नेपिल्स में रहते वहाँ पर संग दोनों,
बने राजा और रानी! काश मैं ही
पंक शय्या पर पड़ा सोता जलधि में,

जहाँ सोता पुत्र मेरा!

कब तुम्हारी सुता खोई!

प्रौस्पैरो   : इसी, बीते प्रभंजन में!
देखता हूँ लार्डगण यह इस मिलन की

कर रहे इतनी प्रशंसा!

कार्य-कारण शक्ति अपनी खो चुके हैं।

नयन पर अपने नहीं विश्वास करते,

शब्द उनके हैं सहज निश्वास, जो हो,

निकल आया जो तुम्हारी याद से मैं कह रहा हूँ,

प्रौस्पैरो हूँ वही मैं, हूँ वही जो

हुआ निर्वासित कभी मैं

मिलैन में से!

अचानक ही तुम जहाँ विध्वस्त हो पहुँचे किनारे

मैं उसी तट जा लगा था। बना उसका स्वामी,

लेकिन

छोड़िए उस सब कथा को, वह बड़ी लम्बी कथा है,

इस समय के योग्य तो बिल्कुल नहीं है,

बहुत दिन के बाद हम पहले मिले हैं,

अहे स्वागत! यही कन्दर है सभा मेरी,

यही सब कुछ,

यहाँ कुछ सेवक हमारे पास भी हैं,

पर प्रजा के नाम पर कोई नहीं है!

यह नया ही ड्यूक राज्य इसे निहारें

विनय करता हूँ सभी की,

एक प्रतिफल बहुत सुन्दर अभी दूँगा,

एक अद्भुत वस्तु! ऐसी तृप्ति देगी,

मुझे मेरे ड्यूक पद की प्राप्ति जैसे!

(अब प्रौस्पैरो फर्डिनैण्ड और मिरैण्डा को शतरंज
खेलते दिखाता है।)

मिरेन्डा : प्रिय मधुर तुम! चाल अब क्यों हो बदलते?

फर्डिनैण्ड : हे प्रिय! क्या चाल बदली है बताओ!

क्या कभी यह कर सकूँगा विश्व पाकर भी

भला मैं।

मिरैण्डा : प्राण! पाकर राज्य थोड़े युद्ध तुम करने लगोगे,

और मैं तब खेल अच्छा ही कहूँगी।

एलोन्ज़ो : द्वीप का ही स्वप्न है यदि एक यह भी,

पुत्र प्यारा, मैं कहूँगा, मुझे दो–दो बार ही

खोना पड़ेगा।

सैबैस्टियन : ओह! कैसा आश्चर्य महान है यह!

फर्डिनैण्ड : सिन्धु यद्यपि था डराता, है करुण वह,

व्यर्थ ही मैंने दिया था शाप उसको।

(झुकता है)

एलोन्ज़ो : आह हर्षित पिता के आशीष सारे

घेर लें ओ पुत्र! तुझको!

उठ! बता अब! किस तरह पहुँचा यहाँ तू?

मिरैण्डा : आह अद्भुत! आह जाने

मधुर प्राणी हैं यहाँ कितने जगत् में!

अरे मानवता बड़ी है रूपशालिनी!

ओ नए संसार अद्भुत!
बास तुझमें इन सबों का!

प्रौस्पैरो : यह तुझे सब कुछ नया है!

एलोन्ज़ो : कौन है यह तरुणि जिससे खेलता

शतरंज था तू!

तीन घण्टे से अधिक परिचय न तेरा!
क्या यही है देवी जिसने किया था हमको अलग औ'

फिर मिलाया!

फर्डिनैण्ड : नहीं यह पार्थिव हमारी भाँति ही है, मर्त्य है यह,
जो अमर विभु की दया से हो गई है

पत्नी मेरी!

इसे मैंने तब वरा था जब पिता से

पूछ मैं सकता नहीं था,

और यह भी सोचता था वे नहीं जीवित रहे अब!
यह यशस्वी मिलैन के ही ड्यूक की है सुघर दुहिता,
नाम जिनका सुन चुका था मैं अनेकों बार पहले,
किन्तु देख नहीं सका था।
उन्हीं ने जीवन दिया यह दूसरा है,
और यह स्त्री उन्हें मेरा बनाती
पिता सचमुच दूसरा अब!

एलोन्ज़ो : आह वत्से! और यह कितना अजीब-अजीब होगा,
कि मैं अपनी बालिका से क्षमा माँगूँ!

प्रौस्पैरो : छोड़िए श्रीमान्! अब तो!
अब न स्मृति को बनाएँ भारिल विगत की
व्यथाओं को व्यर्थ दुहरा।

गोन्ज़ालो : रो चुका हूँ मैं हृदय में,
आह कह पाता इसे यदि और पहले।
देवताओ! देख लो! आशीष दो नवदम्पती को!

तुम्हीं ने यह पथ बनाया और लाए तुम हमें इस
ओर अपनी चाहना से।

एलोन्ज़ो : गोन्ज़ालो, मैं यहीं आमीन कह दूँ!

गोन्ज़ालो : क्या मिलैन से मिलैन निष्कासित हुआ था,
बने उसका सुघर वंशज अन्त में नेपिल्स का
सम्राट् ही फिर?

हर्ष! सीमा लाँघ जा तू! स्वर्ण से लिख दो इसे।
अब स्तम्भ पर तुम!

एक यात्रा में मिला ट्यूनिस नगर में
क्लैरिबल को पति, मिली पत्नी उसी के
फर्डिनैण्ड सुभ्रात को उस ठौर पर ही
जहाँ वह था स्वयं खोया।

प्रौस्पैरो को मिला निज ड्यूक पद उस विजन में ही
और हम सब मिले आ उस भूमि पर
जिस पर न था कोई स्वयं ही!

एलोन्ज़ो : *(फर्डिनैण्ड और मिरैण्डा से)*
ओ मिला दूँ हाथ मैं पति पत्नी के अब,
वेदना दुःख जा बसे उसके हृदय में
हर्ष से अब भी न जो मुखरित हुआ है।

गोन्ज़ालो : सच! यही हो! मैं कहूँ आमीन!
**(एरियल का पुनः प्रवेश, साथ में चमत्कृत-सा
जहाज़ का मालिक और टिंडाल हैं।)**
देखिए! कुछ और भी अब आ रहे हैं,
कहा था मैंने कि फाँसी योग्य है यह
अतः डूबेगा नहीं यह!
बोल! ओ रे अधम! सागर पर वहाँ तू
शपथ इतनी खा रहा था, तीर पर चुप
हो गया क्यों?

भूमि पर क्या है न तेरे मुख बचा अब?
क्या खबर है?

टिंडाल : सर्वश्रेष्ठ यही कि हमको मिल गए नृप और सब ही,
दूसरी है—पोत अपना ठीक है अब यात्रा के योग्य दृढ़ है,
प्रथम यात्रा के समय से भी भला वह लग रहा है।

एरियल : *(प्रौस्पैरो से अलग)* स्वामी! तब से काम यह मैंने
किया है।

प्रौस्पैरो : *(एरियल से अलग)*
आह रे वायव्य आत्मा! चपल है तू!

एलोन्ज़ो : यह न साधारण हुई घटना यहाँ पर,
सतत् अद्भुत से नए आश्चर्य की ही ओर जाती,
तू भला किस भाँति पहुँचा?

टिंडाल : यदि मुझ हो ज्ञान, हे श्रीमान्! अब मैं जागता हूँ,
तो करूँगा यत्न मैं सब कुछ बता दूँ!
मैं नहीं यह जानता, पर, बद्ध से हो,
पोत के उस अधो-भागे गहन निद्रा में पड़े हम
सो रहे थे, और अब ही
हुईं ध्वनियाँ, गर्जना, चीत्कार, शृंखल-झनझनाहट,
       न जाने कितनी तरह के नाद थे वे,
जग गए हम, एकदम आज़ाद थे हम,
और देखा पोत था सँवरा खड़ा दृढ़,
हर्ष से था कूदता मालिक हमारा,
स्वप्न में जो बिछुड़कर हम स्वप्न में ही
       मिल गए फिर!

एरियल : *(प्रौस्पैरो से अलग)* ठीक था यह?
प्रौस्पैरो : *(एरियल से अलग)* बहुत सुन्दर!
अब स्वतन्त्र बने तुरत तू!
एलोन्ज़ो : अहह! कैसी है विचित्र कथा भला यह

मानवों की,

अरे इसमें है अधिक कुछ इस प्रकृति के

ज्ञात नियमों से कहूँगा,

चमत्कार अवश्य है जो ज्ञान अपना

चाहता है समझ लेना।

प्रौस्पैरो   : अब नहीं श्रीमान् ऐसे विकल होते ही रहें

आश्चर्य में पड़

शीघ्र ही अवकाश में मैं बताऊँगा

सकल सम्भव-सा दिखेगा, जो हुआ है;

उस समय तक हों प्रफुल्लित, और सोचें

ठीक ही सब कुछ हुआ है।

(एरियल से अलग) इधर आ वायव्य आत्मा!

मुक्त कर दे, देख, कैलीबन तथा उन साथियों को

जो बँधे हैं इस समय जादू घिरे से।

(एरियल का प्रस्थान)

अभी भी कुछ हैं, न आए आपके साथी यहाँ पर

याद जिनकी आपको आई नहीं है।

(कैलीबन, स्टीफैनो और ट्रिंक्यूलो चुराए हुए नए वस्त्र पहने हैं, उनको हाँकते हुए एरियल का प्रवेश।)

स्टीफैनो   : रे हरेक मनुष्य! अपनी कर न चिन्ता,

जो मिले तज दूसरों पर, क्योंकि जो है

भाग्य ही है! दैत्य! साहस धर हृदय में।

ट्रिंक्यूलो   : सत्य है जो देखता हूँ तो मधुर है!

यदि नयन चर हैं अभी यम शीश के ही!

कैलीबन   : ओह सैतैबोस! आत्माएँ हैं नयी यह!

श्रेष्ठ है कितना अरे मम स्वामी! मुझको

लग रहा डर, वह मुझे अब दण्ड देगा।

सैबैस्टियन   : अहे! हा हा!

अरे यह क्या चीज़ है एण्टोनियो हे लॉर्ड! बोलें!
धन इन्हें किस मोल पा सकता भला है।

एण्टोनियो : एक तो लगता मुझे है मत्स्य जैसा,
अरे निश्चय बिक सकेगा!

प्रौस्पैरो : लार्ड गण! देखें ज़रा बिल्ले लगे हैं—
इन मनुष्यों के तनिक, फिर यह बताएँ, ठीक हैं यह?
यह विकृत अति नीच, माता एक इसकी
                    थी भयानक क्रूर डायन,
और उसमें शक्ति इतनी थी कि उसका
                    बल गगन में चन्द्र तक था,
ज्वार भाटे वह उठाती थी सहज ही,
तीन ये हैं चोर! इनमें अर्द्धपशु यह,
स्वयं है शैतान का जारज, मिला जो इन्हें पाकर
और मुझको मारने की योजना मिलकर बनाई।
आप शायद जानते हैं इन्हें—दो को,
आपके ही आदमी हैं, और यह जो है तिमिर की वस्तु
                    यह है स्वयं मेरी!

कैलीबन : मृत्यु होगी हाय, मैं इतना नुचूँगा!

एलोन्ज़ो : अरे स्टीफैनो! अरे तू! नशेबाज़ रसोइया
                    यह एक मेरा!

सैबैस्टियन : है नशे में। कहाँ मदिरा पा सका यह?

एलोन्ज़ो : और ट्रिंक्यूलो! नशे में चूर यह भी लड़खड़ाता!
ये कहाँ से पा गए मदिरा भला यह!
तू कहाँ से आ गया इन चक्करों में?

ट्रिंक्यूलो : प्रथम जब देखा तुम्हें तब ही पड़ा चक्कर मुझे है,
और लगता है कि मेरी हड्डियों से
                    अब न निकलेगा कभी ये!
मक्खियाँ मुझ पर उड़ें डरता नहीं हूँ।

सैबैस्टियन	:	अरे स्टीफैनो! बता तो!
स्टीफैनो	:	मत छुएँ मुझको, न स्टीफैनो रहा हूँ।
		कटखनों ने काटकर छलनी किया है।
प्रौस्पैरो	:	आप तो श्रीमान्! बनने को चले थे
		द्वीप के सम्राट ही जो!
स्टीफैनो	:	आह यदि बनता कहीं तो! दुःख पाता!
एलोन्ज़ो	:	पुनः है आश्चर्य यह सब देख मुझको!

(**कैलीबन को दिखाकर**)

प्रौस्पैरो	:	विकृत जैसा देह में है, है मनस में,
		ओ चला जो कन्दरा में,
		संग ले निज साथियों को,
		क्षमा करता हूँ तुझे मैं,
		जा उसे कर साफ़ जल्दी!
कैलीबन	:	अभी जाता हूँ, सदा मैं
		अब रहूँगा चतुर, ऐसी
		मूर्खता न कभी करूँगा।
		दया करिए! आह मैं कितना गधा था।
		इस शराबी को समझकर देवता ही
		कर उठा पूजा अरे इस मूर्ख की मैं!
प्रौस्पैरो	:	तुरत जा अब।
एलोन्ज़ो	:	तुरत रखो वस्त्र यह पाए जहाँ थे!
सैबैस्टियन	:	या जहाँ से थे चुराए!

(**कैलीबन, स्टीफैनो और ट्रिंक्यूलो का प्रस्थान**)

प्रौस्पैरो	:	आइए सम्राट! औ' सब, दीन इस मेरी गुहा में,
		एक रात यहाँ रुकें, विश्राम करिए
		रात, ऐसी बात कर, दूँगा बिता मैं
		मनोरंजन में पता कुछ भी न होगा।
		द्वीप में आया हूँ जब से, अभी तक

की कहानी सुनाऊँगा,
भोर होते ही सभी को ले चलूँगा पोत पर मैं
और फिर नेपिल्स का पथ हम गहेंगे,
जहाँ होगा सुघर परिणय प्रेमियों का,
और तब मैं मिलैन जाऊँगा चला फिर,
मृत्यु की ही कामना बाकी रहेगी।

एलोन्ज़ो   : चाहता हूँ सुनूँ जीवन की कहानी मैं तुम्हारी,
                         आह अद्भुत-सी लगेगी!

प्रौस्पैरो   : सब कहूँगा, और देता हूँ वचन यह
सिन्धु होगा शान्त, शुभ होगा पवन भी,
यात्रा होगी सुखद ही, शीघ्र ही घर जाएँगे फिर।
          (एरियल से अलग)
एरियल! मेरे दुलारे! काम तेरा एक है यह
और बाकी
और फिर तू मुक्त हो विचरण सतत् कर,
अब विदा है! आइए! श्रीमान् आएँ!
          (प्रस्थान)

उपसंहार

दूर कर दिए अब मैंने अपने सब जादू,

शक्ति हो गई क्षीण जो कि थी मुझमें अब तक,

या तो यहीं, रहूँ बन्दी मैं आज्ञा पा कर ऐसी

यहीं आपकीय या नेपिल्स चलूँ मैं पाऊँ

पुन: ड्यूक पद जो न मिला है अब तक मुझको,

दें या न दें, किन्तु मैंने तो क्षमा कर दिया

सकल प्रतारक छलीजनों को,

मत छोड़ें अब मुझे इसी अतिविजन द्वीप में,

मुक्त करें मुझको अब मेरे बन्धन में से

अपने श्रेष्ठ करों से मुझ पर दया करें अब !

मेरे पालों में करुणामय श्वास भरे निज,

यह रंजन करने का आयोजन अन्यथा विफल है।

मुझे चाहिए चेतन नूतन शक्ति जगाने,

कला इन्द्रजालों के हित ही,

मेरा अन्त निराशा ही है,

जब तक नहीं प्रार्थना मुझको मुक्ति दिलाए,

वह है इतनी मर्मस्पर्शिनी, करुणा तक

को आहत करती,

दोषों को कर दूर मुक्त कर देती है वह!
जैसे आप सकल पापों की क्षमा पाएँगे
मुझे, अनुग्रह करे आपका, मुक्त अन्त में।

□□□